CONTABILITA' AZIENDALE E BILANCIO PER PRINCIPIANTI

La Guida più Completa per Comprendere
la Partita Doppia e Analizzare Bilanci
Partendo da Zero

MARCO COLOMBO

INDICE

1. Il Bilancio di Esercizio

Il bilancio di esercizio è un documento fondamentale per molteplici interessati nell'ambito di un'azienda, conosciuti come stakeholder, poiché fornisce informazioni sulle prestazioni finanziarie dell'impresa. Queste informazioni sono essenziali per la presa di decisioni da parte di tali soggetti.

Il bilancio di esercizio rappresenta in modo completo tutte le attività che hanno avuto luogo durante il periodo di attività dell'azienda, che di solito coincide con l'anno civile. In Italia, come in molti altri paesi, è un obbligo redigere il bilancio di esercizio per le imprese commerciali, indipendentemente dalle loro dimensioni. Le imprese commerciali sono quelle che operano per la produzione o la vendita di beni e servizi con l'obiettivo di generare profitto. Tuttavia, le ditte individuali, che non sono entità separate dall'imprenditore, sono escluse da questa richiesta di compilare il bilancio di esercizio.

I liberi professionisti, come avvocati, medici, consulenti finanziari o architetti, che offrono servizi professionali indipendenti basati sulle proprie competenze, non sono obbligati a preparare un bilancio di esercizio nello stesso formato delle aziende commerciali. Tuttavia, a seconda delle normative fiscali, potrebbero essere tenuti a mantenere una dettagliata registrazione delle entrate e delle spese.

In questo capitolo, esamineremo approfonditamente il bilancio di esercizio, compresi i documenti che lo costituiscono, il suo funzionamento e i requisiti specifici per le diverse categorie di aziende, che possono essere classificate come micro, medie o grandi imprese.

1.1 Documenti Fondamentali

Il bilancio di esercizio è costituito da una serie di documenti contabili, ciascuno dei quali offre informazioni specifiche sulla situazione finanziaria dell'azienda. I principali documenti che compongono il bilancio di esercizio includono:

- **Stato Patrimoniale**: E' il documento che sintetizza quali sono gli investimenti dell'azienda (lato dell'attivo), e come questi investimenti sono stati finanziati attraverso mezzi propri e di terzi (lato del passivo e del patrimonio netto).

- **Conto Economico**: Questo documento registra i ricavi, i costi e il risultato economico dell'azienda nel periodo di riferimento.

- **Nota Integrativa**: La nota integrativa è un documento esplicativo che accompagna il bilancio di esercizio e fornisce ulteriori dettagli e spiegazioni sui dati presenti nei documenti contabili principali. In altre parole, "esplode" quasi ogni singola voce di Conto Economico e Stato Patrimoniale per spiegare come questa si sia generata.

- **Relazione sulla gestione**: La relazione sulla gestione completa il bilancio e ha una valenza informativa di carattere generale e prospettico. Il suo scopo principale è di fornire informazioni sulla situazione e sull'andamento della società in linea con la dimensione e la complessità della stessa.

2

Sintetizzando, il bilancio di esercizio è un insieme di documenti contabili che offre una panoramica completa della salute finanziaria di un'azienda, comprese le risorse, i debiti, i ricavi, i costi e una relazione sulla gestione per una comprensione approfondita della sua situazione attuale e futura.

1.1.1 Il Conto Economico

L'obiettivo del conto economico è quello di sintetizzare tutte le operazioni che hanno consentito all'azienda di generare durante l'esercizio preso in esame il **reddito netto**.

Il codice civile stabilisce un modello di conto economico che segue una struttura gerarchica e classifica le voci in base alla loro natura contabile. L'attuale schema di conto economico suddivide la gestione aziendale complessiva in tre distinte aree gestionali:

- Gestione operativa, rappresentata dalle categorie A e B, che si riflette nel risultato intermedio A - B. Questa gestione include tutti i componenti positivi e negativi del reddito derivanti dall'attività aziendale nel suo insieme.
- Gestione finanziaria, indicata dalle categorie C e D. Quest'area comprende sia i costi associati all'indebitamento finanziario dell'azienda sia i proventi o oneri derivanti da investimenti finanziari.
- Gestione tributaria, rappresentata dalla voce 20, si limita a considerare le imposte accumulate sul reddito aziendale, come l'IRES e l'IRAP, escludendo altri tributi come la tassa di vidimazione dei libri sociali, che invece fanno parte della gestione operativa.

Il concetto di "valore della produzione" (categoria A) è utilizzato in un senso ampio per esprimere l'attività economica dell'impresa, indipendentemente dalla vendita effettiva ai terzi. Il valore della produzione è suddiviso nei seguenti elementi:

- Ricavi delle vendite e delle prestazioni: comprende i guadagni derivanti dall'attività principale, specificamente quelli che sono continuativi e caratterizzano l'attività economica distintiva dell'impresa. Questi ricavi devono essere presentati al netto di eventuali resi, sconti, abbuoni, premi e imposte.

- Variazioni delle rimanenze dei prodotti in lavorazione, semilavorati e finiti: rappresenta la differenza tra il valore delle rimanenze finali e iniziali dei prodotti che hanno subito un processo di lavorazione. Variazioni positive (rimanenze finali > rimanenze iniziali) aumentano il valore della produzione, indicando una produzione superiore alle vendite, mentre variazioni negative (rimanenze iniziali > rimanenze finali) diminuiscono il valore della produzione.

- Variazioni dei lavori in corso su ordinazione: indica la differenza tra il valore delle rimanenze finali e iniziali relativamente alle commesse in corso alla fine dell'esercizio.

- Incrementi di immobilizzazioni per lavori interni: comprende i costi capitalizzati per la creazione interna di beni materiali e immateriali durante l'esercizio.

- Altri ricavi e proventi: rappresenta una categoria residuale che include i ricavi e i proventi operativi diversi da quelli menzionati precedentemente.

La macroclasse B, denominata "costi della produzione," si contrappone al valore della produzione e comprende tutti i costi associati ai fattori utilizzati per generare il valore della produzione. Questi costi sono classificati in base alla loro natura e non sono suddivisi per area gestionale. Essi includono:

- Costi per materie prime, sussidiarie, di consumo, semilavorati di acquisto e merci: Questa categoria comprende tutti i costi legati all'acquisto, sia certi che stimati, al netto di resi, sconti, abbuoni, premi e imposte.
- Costi per servizi: Qui sono inclusi tutti i costi relativi all'acquisizione di servizi, sia certi che stimati.
- Costi per l'uso di beni di terzi: Questa categoria comprende i costi (certi e stimati) sostenuti per l'utilizzo di beni materiali e immateriali non di proprietà dell'azienda.
- Costi per il personale: Questa voce include i vari componenti di costo legati al personale dipendente, suddivisi tra salari e stipendi lordi, oneri sociali a carico dell'azienda e trattamento di fine rapporto relativamente alla quota di costo dell'esercizio.
- Ammortamenti e svalutazioni: Questo punto distingue tra ammortamenti e svalutazioni di immobilizzazioni materiali e immateriali, altre svalutazioni di immobilizzazioni e svalutazioni dei crediti inclusi nell'attivo circolante e delle disponibilità liquide.
- Variazioni delle rimanenze di materie prime, sussidiarie, di consumo, semilavorati di acquisto e merci: Qui sono considerate le differenze tra il valore delle rimanenze iniziali e finali dei beni che non hanno subito alcun processo di trasformazione o lavorazione. Variazioni positive (rimanenze finali > rimanenze iniziali) aumentano i costi della produzione, mentre variazioni negative (rimanenze iniziali < rimanenze finali) li riducono.
- Accantonamenti per rischi: Questa voce comprende le riserve create per far fronte a possibili rischi futuri.

- Altri accantonamenti: Qui sono inclusi accantonamenti destinati a coprire costi e spese future non specificati precedentemente.

- Oneri diversi di gestione: Questa categoria rappresenta i costi residui della produzione e comprende costi e oneri non inclusi nelle categorie precedenti.

La somma algebrica dei totali delle macroclassi A e B fornisce il primo risultato parziale, che può essere assimilato al risultato della gestione operativa. La gestione finanziaria è rappresentata nelle macroclassi C, che trattano proventi e oneri finanziari, e D, che si occupa di rettifiche di valore di attività finanziarie.

Quest'area non solo considera il costo dell'indebitamento aziendale ma anche i proventi, gli oneri, le svalutazioni e le rivalutazioni delle attività finanziarie. In pratica, lo schema di Conto Economico non separa chiaramente il costo dell'indebitamento aziendale dal risultato generato dagli investimenti finanziari effettuati dalla società.

È importante sottolineare che l'attuale schema di Conto Economico non offre una distinzione separata dei costi e dei ricavi straordinari, che verranno inclusi, in base alla loro origine, nelle gestioni operativa, finanziaria o tributaria. Pertanto, nella Nota Integrativa, sarà necessario fornire informazioni adeguate riguardo all'importo e alla natura di tali ricavi e costi eccezionali.

La somma algebrica dei totali delle macroclassi A, B, C e D fornisce il "Risultato prima delle imposte," mentre alla riga 20 vengono registrate le imposte sul reddito d'esercizio, inclusi tributi diretti come l'IRES, l'IRAP e le imposte sostitutive di tali tributi.

Nell'approccio pratico, iniziamo esaminando il conto economico e ci poniamo alcuni interrogativi:

- L'azienda sta generando profitti o subendo perdite? Poiché lo scopo principale delle aziende è la creazione di valore, è fondamentale analizzare il risultato economico generato.

- Qual è l'importo totale dei ricavi derivanti dalle vendite? Il fatturato è un indicatore cruciale per comprendere le dimensioni e l'entità dell'attività aziendale.

- Come si confrontano i ricavi delle vendite con quelli dell'anno precedente? Conoscere se l'azienda sta crescendo o declinando è essenziale per interpretare la strategia adottata.

- Quanto peso hanno "altri ricavi e proventi" nel valore della produzione? Normalmente, ci si aspetta che la maggior parte del valore prodotto da un'azienda derivi dalla sua attività principale e non da elementi straordinari o non ricorrenti.

- Come sta evolvendo il risultato della produzione? Questo aspetto ci consente di valutare la capacità dell'azienda di generare valore attraverso il suo core business.

- Quali sono i costi che influenzano maggiormente il risultato della produzione? Esaminando la composizione dei costi, è possibile ottenere una migliore comprensione della strategia aziendale.

- La gestione finanziaria, inclusi oneri e proventi finanziari, sta riducendo o aumentando la ricchezza aziendale? Talvolta, una redditività operativa solida può essere erosa da oneri finanziari dovuti a un eccessivo indebitamento.

Di seguito trovi il Conto Economico di una società di consulenza aziendale, che evidenzia una perdita di 309'863€.

Conto economico	31-12-2022	31-12-2021
A) Valore della produzione		
1) ricavi delle vendite e delle prestazioni	11.675.916	11.088.775
2) variazioni delle rimanenze di prodotti in corso di lavorazione, semilavorati e finiti	-	4.053
5) altri ricavi e proventi		
altri	1.154.018	603.802
Totale altri ricavi e proventi	1.154.018	603.802
Totale valore della produzione	12.829.934	11.696.630
B) Costi della produzione		
6) per materie prime, sussidiarie, di consumo e di merci	43.708	31.670
7) per servizi	8.167.694	6.973.388
8) per godimento di beni di terzi	621.816	564.377
9) per il personale		
a) salari e stipendi	1.087.614	864.399
b) oneri sociali	278.030	191.842
c) trattamento di fine rapporto	55.877	55.889
Totale costi per il personale	1.421.521	1.112.130
10) ammortamenti e svalutazioni		
a) ammortamento delle immobilizzazioni immateriali	1.516.901	1.399.470
b) ammortamento delle immobilizzazioni materiali	62.968	64.390
c) altre svalutazioni delle immobilizzazioni	441.896	196.721
Totale ammortamenti e svalutazioni	2.021.765	1.660.581
11) variazioni delle rimanenze di materie prime, sussidiarie, di consumo e merci	36.785	-
12) accantonamenti per rischi	348.838	-
13) altri accantonamenti	237.396	161.019
14) oneri diversi di gestione	426.939	243.372
Totale costi della produzione	13.326.462	10.746.537
Differenza tra valore e costi della produzione (A - B)	(496.528)	950.093
C) Proventi e oneri finanziari		
15) proventi da partecipazioni		
da imprese controllate	226.517	231.666
Totale proventi da partecipazioni	226.517	231.666
16) altri proventi finanziari		
d) proventi diversi dai precedenti		
altri	48.804	48.694
Totale proventi diversi dai precedenti	48.804	48.694
Totale altri proventi finanziari	48.804	48.694
17) interessi e altri oneri finanziari		
altri	36.346	32.532
Totale interessi e altri oneri finanziari	36.346	32.532
17-bis) utili e perdite su cambi	(34.622)	19.899
Totale proventi e oneri finanziari (15 + 16 - 17 + - 17-bis)	204.353	267.727
Risultato prima delle imposte (A - B + - C + - D)	(292.175)	1.217.820
20) Imposte sul reddito dell'esercizio, correnti, differite e anticipate		
imposte correnti	166.518	181.610
imposte differite e anticipate	(148.830)	208.790
Totale delle imposte sul reddito dell'esercizio, correnti, differite e anticipate	17.688	390.400
21) Utile (perdita) dell'esercizio	(309.863)	827.420

A un osservatore distratto, potrebbe sembrare che l'azienda in oggetto abbia sprecato risorse e sia gestita in modo inadeguato.

Tuttavia, se prendessimo in considerazione una diversa classificazione del conto economico, il risultato della gestione operativa, prima di qualsiasi correzione non monetaria (EBITDA), ammonterebbe a 1'421'177€. Successivamente, l'azienda ha dovuto effettuare significativi ammortamenti su attività immateriali, che hanno portato a una perdita operativa (EBIT) di 496'528€.

A questo punto, vanno considerate tutte le componenti di reddito non-core, come il profitto proveniente dalle partecipazioni in altre società, bisogna sottrarre gli interessi passivi e considerare le perdite legate ai cambi valutari (questo accade, ad esempio, quando l'azienda vende prodotti in dollari in una data e successivamente, a un tasso di cambio svalutato, converte il ricavato in euro).

Inoltre, l'azienda ha dovuto pagare imposte, nonostante il reddito prima delle imposte fosse di -292'175€. Questo fenomeno è dovuto al fatto che non c'è una corrispondenza tra il reddito imponibile ai fini fiscali (IRES/IRAP) e il reddito prima delle imposte civilistico (-292'175€) riportato nel conto economico.

Ciò è dovuto, ad esempio, al fatto che non tutti gli ammortamenti sono deducibili ai fini fiscali e che gli accantonamenti a fondi per rischi non sono deducibili. Pertanto, l'azienda in questione aveva una base imponibile positiva (che non è visibile nei dati che stiamo analizzando), e di conseguenza dovrà versare imposte, il che avrà ulteriori effetti negativi sul RAI (Risultato Ante Imposte) e, al netto di alcuni crediti fiscali, ridurrà il reddito netto a 309'863€.

Ora che abbiamo compreso come interpretare il conto economico, possiamo passare all'analisi dello stato patrimoniale.

1.1.2 Lo Stato Patrimoniale

Lo stato patrimoniale fornisce una panoramica della situazione finanziaria dell'azienda al termine dell'esercizio contabile, che, come precedentemente menzionato, nella maggior parte dei casi coincide con il 31 dicembre. Esso è composto da due sezioni contrapposte:

- La **sezione sinistra** dello stato patrimoniale rappresenta tutti quanti gli investimenti/impieghi su cui la società esercita un controllo, ossia i suoi attivi.

- La **sezione destra** dello stato patrimoniale ha lo scopo di illustrare come l'azienda ha finanziato gli attivi elencati nella parte sinistra dello stato patrimoniale. Questo comprende i passivi, che rappresentano ciò che l'azienda deve a terzi, e il patrimonio netto, che rappresenta ciò che l'azienda deve ai suoi azionisti.

STATO PATRIMONIALE

Diventa quindi evidente che gli investimenti compiuti dall'azienda devono sempre equivalere alle fonti di finanziamento. Pertanto, è essenziale che l'equazione di bilancio seguente sia costantemente verificata:

$$Totale\ Attivo = Passivo + Patrimonio\ Netto$$

Esaminiamo ora in dettaglio le principali voci, tecnicamente denominate "poste," contenute nella sezione dell'attivo dello stato patrimoniale. Cominciamo con:

- **Cassa e banche c/c attivi**: Questa categoria rappresenta l'insieme dei mezzi liquidi disponibili per l'azienda, dunque depositi di conto corrente e disponibilità in contanti.

- **Crediti verso clienti**: Si riferiscono ai crediti derivanti da operazioni di vendita che non sono ancora stati incassati. In altre parole, sono somme che devono ancora essere ricevute dai clienti. Questi crediti possono includere, ad esempio, cambiali, nel qual caso sarebbero elencati come "cambiali attive."

- **Crediti diversi**: Questa voce riguarda crediti di varia natura, come quelli dovuti all'Erario o ai dipendenti, tra gli altri.

- **Rimanenze finali di magazzino**: Questi rappresentano investimenti in attesa di essere realizzati. È importante notare che queste rimanenze sono anche considerate nella sezione dei ricavi del conto economico.

- **Terreni, fabbricati, impianti, macchinari, mobili, arredi, automezzi**: Queste sono conosciute come immobilizzazioni materiali e rappresentano beni che forniscono utilità per più periodi contabili. Pertanto, il loro costo deve essere distribuito su più esercizi attraverso un processo chiamato "ammortamento economico."

- **Brevetti e marchi**: Questi costituiscono immobilizzazioni immateriali. Anche per questi beni, il costo deve essere distribuito su più esercizi contabili.

Di seguito trovi lo stato patrimoniale di un costruttore immobiliare, da cui possiamo desumere la forte preponderanza delle immobilizzazioni materiali, come tutte le case di sua proprietà, e le rimanenze, che riflettono il valore delle case tutt'ora in costruzione.

Stato patrimoniale	31-12-2022	31-12-2021
Attivo		
A) Crediti verso soci per versamenti ancora dovuti	0	0
B) Immobilizzazioni		
I - Immobilizzazioni immateriali	321.565	253.255
II - Immobilizzazioni materiali	8.366.734	8.885.401
III - Immobilizzazioni finanziarie	704.245	704.245
Totale immobilizzazioni (B)	9.392.544	9.842.901
C) Attivo circolante		
I - Rimanenze	10.106.921	9.027.402
II - Crediti		
esigibili entro l'esercizio successivo	1.764.684	4.486.147
esigibili oltre l'esercizio successivo	2.039.463	2.039.463
Totale crediti	3.804.147	6.525.610
IV - Disponibilità liquide	44.943	840.858
Totale attivo circolante (C)	13.956.011	16.393.870
D) Ratei e risconti	167.251	114.802
Totale attivo	23.515.806	26.351.573

Successivamente, abbiamo circa 3,8 Milioni di crediti, che andando a leggere la nota integrativa allo Stato Patrimoniale, leggiamo che per la maggior parte sono crediti verso clienti e verso il fisco per bonus edilizi, ed infine una piccola quota di Ratei e risconti attivi.

Ora concentriamoci sulla sezione del passivo dello stato patrimoniale e analizziamo le principali voci:

- **Debiti verso fornitori**: Si riferiscono ai debiti verso i fornitori relativi a operazioni di acquisto effettuate ma non ancora saldate. Nel caso in cui tali debiti siano rappresentati da cambiali, verranno identificati come "cambiali passive."

- **Debiti diversi**: Questa categoria riguarda i debiti dell'azienda verso diverse parti, come l'Erario o istituti previdenziali, tra gli altri.

- **Mutui passivi**: Questi costituiscono finanziamenti ottenuti a medio-lungo termine da banche o altre istituzioni di finanziamento.

- **Fondo svalutazione crediti**: Questa voce corregge il valore nominale dei crediti in previsione di rischi di insolvenza. Il suo valore aumenta con le quote destinate annualmente a tale scopo nel conto economico.

- **Altri fondi di accantonamento**: Rappresentano passività legate a eventi negativi probabili, ma non ancora verificatisi, o comunque non ancora definiti nell'importo.

- **Fondo T.F.R. (Trattamento Fine Rapporto)**: Questo rappresenta il totale del debito accumulato dall'azienda verso i dipendenti per le indennità di liquidazione. È la somma delle quote maturate nell'esercizio attuale e in quelli precedenti.

- **Fondi ammortamento**: Questa voce rettifica il costo delle immobilizzazioni a causa della loro perdita di valore nel tempo, dovuta all'usura fisica e all'obsolescenza tecnologica. Il suo valore è determinato dalla somma delle quote di ammortamento calcolate anno dopo anno.

Adesso vediamo quali sono le domande da farsi per valutare criticamente lo Stato Patrimoniale:

- Qual è il valore complessivo dell'attivo totale? Analogamente al fatturato, un incremento nel totale delle attività può indicare una tendenza di crescita.

- Le immobilizzazioni tecniche stanno aumentando o diminuendo? Un aumento delle immobilizzazioni utilizzate nella produzione potrebbe indicare una politica espansiva, mentre una diminuzione potrebbe essere correlata a mancati rinnovamenti, svalutazioni o ammortizzazioni.

- Quanta importanza hanno le immobilizzazioni immateriali rispetto all'intero attivo? Occorre prestare attenzione al rischio che siano capitalizzati molti costi al fine di nascondere eventuali perdite.
- Quali elementi compongono le immobilizzazioni finanziarie? Nell'ambito di un'impresa manifatturiera, le immobilizzazioni finanziarie dovrebbero rappresentare partecipazioni acquisite per scopi di integrazione verticale o orizzontale nella filiera, e non partecipazioni principalmente speculative.
- Il magazzino è in crescita? Quali criteri sono stati adottati per valutare il magazzino? Un aumento significativo del magazzino può indicare difficoltà nell'effettuare le vendite o politiche contabili volte a gonfiare artificialmente il valore delle scorte finali, che costituiscono una componente positiva del reddito.
- Esiste una correlazione tra crediti commerciali e ricavi da vendita? In caso di calo delle vendite, un aumento dei crediti commerciali può suggerire problemi nella riscossione dei crediti.
- Le disponibilità liquide rappresentano una quota significativa rispetto all'intero attivo? Un eccesso di liquidità può influire negativamente sugli indici di redditività poiché la liquidità ha un rendimento nullo o addirittura negativo.
- Vi sono relazioni con parti correlate? In presenza di gruppi aziendali, è preferibile analizzare il bilancio consolidato anziché i bilanci delle singole imprese che lo compongono.
- Qual è il valore del patrimonio netto? Sta crescendo? Un patrimonio più consistente indica che i soci hanno effettuato significativi apporti di capitale, e un aumento

del patrimonio suggerisce che l'azienda sta accrescendo il suo valore e trattenendo risorse per la crescita.

- I fondi rischi e oneri rappresentano una quota significativa rispetto al patrimonio netto? Questo aspetto può essere utilizzato per nascondere politiche contabili, poiché gli oneri sottostanti a questi fondi possono essere sovrastimati al fine di ridurre l'utile contabile.

- Qual è la tipologia di debito che incide maggiormente sulla macroclasse debiti? Le principali tipologie di debiti includono debiti finanziari e debiti operativi. I debiti finanziari dovrebbero essere correlati agli oneri finanziari pagati e dovrebbero essere a lungo termine. Per quanto riguarda i debiti operativi, possono essere commerciali o tributari: se i debiti commerciali vengono prorogati, è un segnale positivo in quanto indica che l'azienda è in grado di ottenere dilazioni di pagamento. Tuttavia, un aumento dei debiti tributari indica che l'azienda sta avendo difficoltà nel pagare le imposte dovute.

Ora dirigiamo la nostra attenzione verso la sezione del passivo dell'azienda in questione, dove emerge una significativa quota di obblighi finanziari. Approfondendo la lettura nella nota integrativa, possiamo constatare che gran parte di questi obblighi sono rappresentati da prestiti bancari, acconti ricevuti dai clienti per l'acquisto di abitazioni e debiti nei confronti dei fornitori.

Passivo		
A) Patrimonio netto		
I - Capitale	262.983	262.983
III - Riserve di rivalutazione	1.154.688	1.154.688
IV - Riserva legale	431.311	347.169
VI - Altre riserve	8.250.639	6.651.922
IX - Utile (perdita) dell'esercizio	518.241	1.682.857
Totale patrimonio netto	10.617.862	10.099.619
B) Fondi per rischi e oneri	358.667	214.349
C) Trattamento di fine rapporto di lavoro subordinato	34.327	31.253
D) Debiti		
esigibili entro l'esercizio successivo	4.745.210	7.567.453
esigibili oltre l'esercizio successivo	7.081.599	8.136.185
Totale debiti	11.826.809	15.703.638
E) Ratei e risconti	678.141	302.714
Totale passivo	23.515.806	26.351.573

Ora, rivolgiamo la nostra attenzione al patrimonio netto e esaminiamo le principali voci:

- **Capitale sociale dell'impresa**: Questa rappresenta le risorse fornite all'azienda dai soci. Costituisce l'investimento iniziale o il capitale versato dagli azionisti per avviare l'azienda.

- **Fondi di riserva**: Questi fondi derivano principalmente dagli utili ottenuti ma non distribuiti tra i soci o da operazioni di carattere particolare. Servono a costituire una sorta di riserva finanziaria all'interno dell'azienda.

- **Utile di esercizio**: Questo rappresenta l'eventuale profitto ottenuto durante l'esercizio. L'utile di esercizio costituisce una fonte di finanziamento aggiuntiva per l'azienda, fino a quando non viene distribuito tra i soci o reinvestito nell'attività.

Ora che abbiamo esaminato le diverse voci dello Stato Patrimoniale, è evidente come il Conto Economico sia collegato a questo perché il reddito d'esercizio, sia esso positivo o negativo, influenza direttamente il patrimonio netto dell'azienda (che si trova all'interno dello Stato Patrimoniale). Quando il reddito d'esercizio è positivo, contribuisce ad aumentare il patrimonio netto, mentre quando è negativo, riduce il patrimonio netto. Nei prossimi capitoli, esamineremo come viene gestita l'allocazione dell'utile di esercizio.

Esaminando ancora una volta lo stato patrimoniale dell'azienda di costruzioni, notiamo che il capitale sociale ammonta a 262'963€. Inoltre, si osserva una riserva legale piuttosto sostanziosa, che supera il minimo legale richiesto. Ci sono anche altre riserve, le cui specifiche sono dettagliate nella nota integrativa. Tra queste, troviamo la riserva straordinaria e la riserva avanzo di fusione, quest'ultima si verifica quando l'azienda acquisisce un'altra società a un prezzo inferiore al Patrimonio Netto di quest'ultima.

Particolarmente rilevante è la presenza di una significativa riserva di rivalutazione. Questa riserva si accumula ogni volta che l'azienda deve aumentare il valore degli asset registrati nei suoi libri contabili. In cambio, si crea un fondo che aumenta il patrimonio netto e non può essere distribuito ai soci. Tuttavia, può essere utilizzato per operazioni di capitale, come aumenti di capitale o per coprire perdite aziendali.

1.1.3 Il Rendiconto Finanziario

Il rendiconto finanziario rappresenta uno strumento per analizzare la dimensione finanziaria di un'impresa, consentendoci di esaminare in dettaglio come e perché la disponibilità di cassa della società varia da un esercizio all'altro.

Le operazioni che contribuiscono a modificare la liquidità di un'azienda tra un esercizio e l'altro danno luogo a tre diversi flussi finanziari:

- **Flusso di cassa operativo**: Ad esempio, i proventi derivanti dalle vendite aumentano la liquidità, mentre i pagamenti delle fatture dei fornitori la riducono.

- **Flusso di cassa dalle operazioni di investimento**: In questo caso, gli investimenti in immobilizzazioni (siano esse materiali, immateriali o finanziarie) effettuati mediante pagamenti in contanti diminuiscono la liquidità, mentre la vendita di immobilizzazioni aumenta la liquidità, purché non generi crediti.

- **Flusso di cassa dalle operazioni di finanziamento**: Questo flusso di cassa è influenzato, ad esempio, dai pagamenti delle rate di un mutuo, che riducono la liquidità, mentre il ricevimento del valore nominale di un prestito obbligazionario incrementa la liquidità. La distribuzione di dividendi ai soci riduce la liquidità, mentre un aumento del capitale sociale con pagamento contribuisce ad aumentare la liquidità.

Tornando all'azienda di consulenza aziendale di cui abbiamo precedentemente analizzato il conto economico e sottolineato che la perdita di esercizio era principalmente attribuibile a voci contabili anziché a aspetti monetari, diventa particolarmente interessante esaminare il rendiconto finanziario.

Rendiconto finanziario, metodo indiretto	31-12-2022	31-12-2021
A) Flussi finanziari derivanti dall'attività operativa (metodo indiretto)		
Utile (perdita) dell'esercizio	(309.863)	827.420
Imposte sul reddito	17.688	390.400
Interessi passivi/(attivi)	(204.353)	-
(Dividendi)	(226.517)	(231.666)
(Plusvalenze)/Minusvalenze derivanti dalla cessione di attività	175.779	-
1) Utile (perdita) dell'esercizio prima d'imposte sul reddito, interessi, dividendi e plus /minusvalenze da cessione	(547.266)	986.154
Rettifiche per elementi non monetari che non hanno avuto contropartita nel capitale circolante netto		
Accantonamenti ai fondi	642.111	216.908
Ammortamenti delle immobilizzazioni	1.579.869	1.463.860
Totale rettifiche per elementi non monetari che non hanno avuto contropartita nel capitale circolante netto	2.221.980	1.680.768
2) Flusso finanziario prima delle variazioni del capitale circolante netto	1.674.714	2.666.922
Variazioni del capitale circolante netto		
Decremento/(Incremento) delle rimanenze	36.785	(4.053)
Decremento/(Incremento) dei crediti verso clienti	782.251	(292.653)
Incremento/(Decremento) dei debiti verso fornitori	75.048	(122.497)
Decremento/(Incremento) dei ratei e risconti attivi	(88.316)	131.843
Incremento/(Decremento) dei ratei e risconti passivi	164.328	(500.523)
Altri decrementi/(Altri Incrementi) del capitale circolante netto	8.883	(577.423)
Totale variazioni del capitale circolante netto	978.979	(1.365.306)
3) Flusso finanziario dopo le variazioni del capitale circolante netto	2.653.693	1.301.616
Altre rettifiche		
Interessi incassati/(pagati)	204.353	-
(Imposte sul reddito pagate)	30.887	(514.538)
Dividendi incassati	226.517	231.666
(Utilizzo dei fondi)	(379.917)	(71.926)
Totale altre rettifiche	81.840	(354.798)
Flusso finanziario dell'attività operativa (A)	2.735.533	946.818

Illustrare la procedura per compilare un rendiconto finanziario non rientra nell'ambito di questo libro poiché la maggior parte delle aziende in Italia sono PMI e non hanno l'obbligo di redigerlo. Tuttavia, come possiamo intuire, l'azienda ha generato un flusso di cassa operativo estremamente positivo, ammontante a 2'753'533€.

In seguito, l'azienda ha proceduto con numerosi investimenti in immobilizzazioni immateriali e altre attività finanziarie non immobilizzate, generando un flusso di cassa derivante dalle attività di investimento pari a -1'634'426€.

B) Flussi finanziari derivanti dall'attività d'investimento		
Immobilizzazioni materiali		
(Investimenti)	(113.030)	-
Disinvestimenti	255.207	1.164.070
Immobilizzazioni immateriali		
(Investimenti)	(1.039.504)	1.403.095
Immobilizzazioni finanziarie		
(Investimenti)	-	(1.456.478)
Disinvestimenti	136.601	-
Attività finanziarie non immobilizzate		
(Investimenti)	(873.700)	-
Flusso finanziario dell'attività di investimento (B)	(1.634.426)	1.110.687

Infine, consideriamo il flusso di cassa derivante dalle attività di finanziamento, cioè come l'azienda ha reperito le sue risorse finanziarie e quanto ha remunerato queste risorse. Nel caso specifico, l'azienda ha rimborsato debiti bancari in quantità superiore all'ammontare dei nuovi finanziamenti ottenuti. Inoltre, ha effettuato buy-back azionari e distribuito dividendi. Di conseguenza, l'attività di finanziamento ha assorbito liquidità, come indicato dal flusso di cassa derivante dalle attività di finanziamento, pari a -248'615€.

C) Flussi finanziari derivanti dall'attività di finanziamento		
Mezzi di terzi		
Incremento/(Decremento) debiti a breve verso banche	72.913	196.747
Accensione finanziamenti	225.000	357.383
(Rimborso finanziamenti)	(333.472)	-
Mezzi propri		
Cessione/(Acquisto) di azioni proprie	(50.000)	(2.590.186)
(Dividendi e acconti su dividendi pagati)	(163.056)	2.140.686
Flusso finanziario dell'attività di finanziamento (C)	(248.615)	104.630

Ora possiamo conciliare il Rendiconto Finanziario con lo Stato Patrimoniale. All'inizio dell'esercizio, la liquidità, come evidenziato nello Stato Patrimoniale, ammontava a 804'056€, mentre alla fine dell'esercizio è salita a 1'633'844€. Ciò rappresenta un aumento di 829'788€, che corrisponde esattamente alla somma dei tre flussi di cassa del Rendiconto Finanziario.

$$\Delta \, Liquidità = Flusso \; gestione \; operativa$$
$$+ \, Flusso \; gestione \; degli \; investimenti$$
$$+ \, Flusso \; gestione \; finanziaria$$

In conclusione, l'azienda in questione è stata efficace nel generare liquidità, anche se ha remunerato gli azionisti e saldato parte del debito. Rimane da valutare se i significativi investimenti effettuati siano stati realizzati in risposta a concrete opportunità di crescita.

1.2 Schema di Bilancio

La legislazione prevede la coesistenza di diversi modelli di bilancio, adattati alle specifiche caratteristiche delle varie tipologie di imprese. La struttura del bilancio d'esercizio, inclusi i documenti annessi, varia in base al tipo di impresa, il quale è determinato da variabili come il totale dell'attivo, i ricavi netti e la media dei dipendenti.

- Le **microimprese** sono identificate come quelle aziende che, per due esercizi consecutivi, non superano due dei seguenti limiti: ricavi delle vendite e delle prestazioni pari a 350.000€, totale dell'attivo inferiore a 175.000€ e impiego medio di 5 dipendenti nell'arco dell'esercizio.

- Le **piccole imprese**, d'altra parte, sono caratterizzate dal fatto che, per due esercizi consecutivi, non superano due dei seguenti limiti: ricavi delle vendite e delle prestazioni pari a 8.8 milioni, totale dell'attivo pari a 4.4 milioni e una media di 50 dipendenti impiegati nel corso dell'anno.

- **Le grandi imprese** rappresentano tutte le altre aziende che non rientrano nella categoria di microimprese o piccole imprese.

	Bilancio Ordinario	Bilancio Abbreviato	Bilancio delle Micro Imprese
Totale Attivo	> 4.4 MLN	< 4.4 MLN	< 175'000
Ricavi	> 5.5 MLN	< 8.8 MLN	< 350'000
N. Dipendenti	> 50	< 50	5
Stato Patrimoniale	Completo	Forma abbr.	Forma abbr.
Conto Economico	Completo	Forma abbr.	Forma abbr.
Rendiconto Finanziario	SI	NO	NO
Nota Integrativa	SI	Forma abbr.	NO

Le microimprese e le piccole imprese Le microimprese e le piccole imprese possono preparare il cosiddetto "bilancio semplificato," noto anche come "bilancio in forma abbreviata," a condizione che la società in questione non abbia emesso titoli negoziati sui mercati finanziari e che mantenga i requisiti richiesti per la sua classe dimensionale per almeno due esercizi consecutivi.

1.3 Come consultare i Bilanci

In Italia, la consultazione dei bilanci di esercizio delle aziende è un processo relativamente agevole grazie alla promozione della trasparenza finanziaria attraverso lo Statuto dell'Imprenditore Commerciale.

Una delle fonti principali per accedere ai bilanci di esercizio è rappresentata dal Registro delle Imprese, che è gestito dalla rete delle Camere di Commercio. Le aziende devono depositare i loro bilanci presso il Registro delle Imprese entro 30 giorni dalla data di approvazione degli stessi, e tale data di approvazione non può estendersi oltre i 120 giorni dalla fine dell'esercizio finanziario.

Questo significa che se un'azienda decidesse di prendersi il tempo e approvare il bilancio il 30 aprile, avrebbe fino al 30 maggio per depositarlo. Di conseguenza, già a partire da giugno o luglio, siamo in grado di consultare le performance relative all'anno precedente per la stragrande maggioranza delle imprese che sono tenute a depositare il bilancio.

2. Clausole generali e principi contabili

In materia di bilancio, si distinguono tra prerequisiti su cui deve basarsi la costruzione del bilancio, come indicato dall'Art. 2423 del Codice Civile, e principi generali di redazione, come specificato dall'Art. 2423-bis del Codice Civile.

Per quanto riguarda i prerequisiti, essi includono:

- **Requisito della neutralità**: Il bilancio deve essere redatto in modo imparziale per soddisfare le esigenze informative di tutte le categorie di stakeholder. Ciò implica che non è possibile manipolare il bilancio a fini politici o personali. Inoltre, il bilancio deve consentire a potenziali investitori di effettuare valutazioni prospettiche sull'impresa.

- **Requisito della chiarezza**: Il bilancio deve essere predisposto in modo chiaro e comprensibile per i suoi destinatari, in modo che possa essere utilizzato in modo efficace.

- **Requisito di veridicità, correttezza e conformità ai principi contabili**: Poiché il bilancio contiene valori soggettivi come stime e congetture, deve rispettare alcuni principi per garantire una rappresentazione il più possibile veritiera. Il bilancio deve essere redatto secondo i principi di corretta tenuta della contabilità, che comprendono la documentabilità e la verificabilità delle operazioni, e deve conformarsi ai principi contabili.

- **Requisito di omogeneità:** I valori presenti nel bilancio devono essere espressi in un'unica moneta di conto per garantire la coerenza e la comparabilità delle informazioni finanziarie

Nel processo di redazione del bilancio d'esercizio, i professionisti devono seguire alcuni principi generali che assicurano l'aderenza alle normative e la corretta rappresentazione della situazione finanziaria e patrimoniale dell'azienda:

- **Principio di continuità:** Il bilancio deve essere redatto con l'ipotesi che l'azienda continuerà la sua attività (principio del going concern). Questo significa che non devono essere considerate prospettive di liquidazione o cessione dell'attività aziendale nella preparazione del bilancio.

- **Principio di costanza dei criteri di valutazione nel tempo:** I criteri di valutazione dei valori che richiedono stime e congetture devono essere stabili nel tempo. Qualsiasi deviazione da tali criteri deve essere motivata nella nota integrativa, e dev'essere indicato l'impatto sulla rappresentazione della situazione patrimoniale, finanziaria e del risultato economico.

- **Principio di competenza economica:** Secondo questo principio, gli elementi di reddito (positivi e negativi) devono essere ricondotti al periodo amministrativo in cui sono effettivamente correlati e rilevanti.

- **Principio di prevalenza della sostanza sulla forma:** Si privilegia la sostanza economica di un'operazione rispetto alla sua forma giuridica. Questo significa che le operazioni devono essere registrate riflettendo i veri effetti che hanno sulla realtà aziendale. Ad esempio, un contratto di leasing può essere registrato in due modi diversi a seconda della sua vera natura economica.

- **Principio di significatività e rilevanza:** Si devono includere nel bilancio solo le informazioni significative e rilevanti per gli stakeholder, cioè quelle che influenzano in modo sostanziale i processi decisionali.

- **Principio di prudenza:** Gli utili previsti ma non ancora realizzati non devono essere rilevati nel bilancio, mentre le perdite probabili, anche se non completamente realizzate, devono essere registrate. Questo principio richiede una visione prudente dell'azienda, mostrando il "bicchiere mezzo vuoto."

Il principio della prudenza, nell'ambito della contabilità, presenta due aspetti chiave che sottolineano l'importanza della cautela nella redazione del bilancio:

- **Costo storico come criterio base di valutazione:** Questo principio richiede che le immobilizzazioni siano registrate nel bilancio al costo effettivo pagato al momento dell'acquisto. Anche se il valore di tali attività aumenta nel tempo, la prudenza impedisce di contabilizzare il profitto non ancora realizzato derivante da questo aumento di valore. Questo principio serve a evitare l'eccessiva sopravvalutazione degli attivi nel bilancio.

- **Principio della valutazione separata e divieto di compensazione:** Secondo questo principio, ogni voce nel bilancio deve essere valutata in modo specifico e dettagliato, senza la possibilità di compensare o aggregare elementi omogenei. Ad esempio, non è consentito compensare i guadagni (plusvalenze) con le perdite (minusvalenze) o gli interessi attivi con gli interessi passivi. Questo principio garantisce che ciascun elemento venga valutato in base alle sue caratteristiche intrinseche e rappresentato in modo chiaro e trasparente nel bilancio.

L'osservanza coerente di questi principi contabili fondamentali è di vitale importanza per assicurare che il bilancio di un'azienda sia accurato e che rifletta in modo affidabile la sua situazione finanziaria. La loro applicazione contribuisce a mantenere un alto livello di trasparenza e fiducia tra gli investitori, i creditori e gli altri stakeholder interessati all'azienda.

3. Il sistema di contabilità generale

Il sistema di contabilità generale ha come obiettivo registrare esclusivamente le transazioni finanziarie che coinvolgono un'impresa, e queste transazioni coinvolgono principalmente fornitori e clienti come parti terze. Queste transazioni comportano lo scambio di risorse, come beni o servizi, in cambio di denaro o credito.

Pertanto, tutte le operazioni che avvengono internamente all'azienda, comunemente chiamate "scatola impresa," non rientrano in questa categoria di transazioni di scambio monetario. Ad esempio, il valore del calciatore argentino Messi, sviluppato nella struttura giovanile del Barcellona, non è mai stato incluso nel bilancio del Barcellona prima della sua vendita al PSG.

Nel contesto di una transazione di scambio monetario, si verifica il passaggio di una risorsa non monetaria, come un bene o un servizio, e in cambio si riceve denaro o si genera un debito o un credito. Ogni transazione di scambio monetario genera quindi almeno due informazioni, che vengono registrate in un registro a doppia entrata, noto come "conti," e costituiscono il fondamento del metodo contabile a partita doppia.

La regola chiave del metodo di registrazione a "partita doppia" è che ogni transazione comporta contemporaneamente due annotazioni in due conti separati, in sezioni opposte, con importi complessivamente uguali. Questo assicura che la somma dei valori registrati nella sezione "Dare" sia equivalente alla somma dei valori registrati nella sezione "Avere."

$$Dare = Avere$$

In altre parole, è fondamentale che, per ciascuna operazione di scambio monetario, la somma totale registrata nella colonna "Debito" (DARE) sia uguale alla somma totale registrata nella colonna "Credito" (AVERE).

Nel sistema a partita doppia, esistono regole specifiche di registrazione che determinano se un importo deve essere registrato come "Debito" o "Credito" in un conto. Queste regole variano in base al tipo di conto, ma alcune regole di base includono:

- Aumento di beni o entrate: Quando un bene o un'entrata aumenta, indicando un ingresso di risorse, l'importo viene registrato come "Debito".
- Aumento di passività o spese: Quando una passività o una spesa aumenta, indicando una fuoriuscita di risorse, l'importo viene registrato come "Credito".

Ogni conto ha un registro corrispondente con un formato simile a quanto segue:

Dare (+)	Avere (-)
INPUT = Debito	OUTPUT = Credito

Ciascuna sezione all'interno di questi registri è identificata da un simbolo contabile distintivo. La sezione contrassegnata con il simbolo - è chiamata "Avere," indicando ciò che i terzi devono ricevere dall'azienda. D'altra parte, la sezione contrassegnata con il simbolo + è chiamata "Dare," rappresentando ciò che i terzi devono fornire o dare all'azienda.

3.1 Scritture contabili di base

Durante questa sezione, esamineremo una serie di transazioni aziendali comuni e vedremo come vengono registrate nel libro giornale. Per semplificare i calcoli ipotizzeremo che l'aliquota IVA vigente sia pari al 20%.

3.1.1 Rilevazioni di Esercizio

Dal 1° gennaio al 31/12 si effettuano tutte le **rilevazioni di esercizio**, come le operazioni di acquisto e vendita di fattori produttivi, operazioni sul capitale, operazioni di finanziamento corrente, strutturali o investimenti in fattori produttivi pluriennali.

Quello che bisogna fare è semplicemente **contabilizzare in modo oggettivo** e **obiettivo** le **operazioni di scambio monetario**, per cui non ci sono molte interpretazioni possibili.

La prima operazione di rilevanza contabile coinvolge i soci e la nuova società, con l'obiettivo di contribuire al capitale sociale attraverso pagamenti in denaro e/o beni in natura.

Supponiamo che la società emetta azioni per un totale di 10.000€ e che questi titoli siano completamente sottoscritti dagli azionisti.

Dare (+)	Avere (-)	+	-
Banche C/C	Capitale Sociale	10.000 €	10.000 €

Per quanto concerne gli acquisti, il costo di esercizio viene registrato al momento del pagamento della fattura. Supponiamo che la nostra società acquisti merci per un totale di 1.000€, con un'aliquota IVA del 20%, e che effettui il pagamento immediato tramite bonifico.

Dare (+)	Avere (-)	+	-
// Merci C/Acquisti IVA a Credito	Banche C/C	1.000 € 200 €	1.200 €

Al contrario, supponiamo di effettuare una vendita di merci per un totale di 2.000€, con un'aliquota IVA del 20%, e di non ricevere immediatamente il pagamento. Invece, abbiamo un credito vantato che sarà saldato entro 60 giorni:

Dare (+)	Avere (-)	+	-
Crediti Vs Clienti	// Merci C/Vendite IVA a Debito	2.400 €	2.000 € 400 €

Successivamente, quando riceveremo il pagamento, procederemo a chiudere il conto relativo ai crediti verso i clienti "liquidandolo" tramite l'entrata di cassa sul conto corrente aziendale:

Dare (+)	Avere (-)	+	-
Banche C/C	Crediti Vs Clienti	2.400 €	2.400 €

È possibile che i clienti restituiscano merce difettosa, il che, ovviamente, avrà un impatto indiretto sul valore delle vendite precedentemente registrato e ridurrà il debito IVA. Supponiamo un reso di 500€ + IVA al 20%:

Dare (+)	Avere (-)	+	-
//	Banche C/C		600 €
Resi su Vendite		500 €	
IVA a Credito		100 €	

In modo speculare, la stessa situazione si verifica con i resi sugli acquisti, con l'unica differenza che avremo un accredito al conto corrente e un aumento del debito IVA.

Procediamo ora a discutere la remunerazione del lavoro dipendente, che è la compensazione fornita dal datore di lavoro in cambio della forza lavoro ceduta dal dipendente. La retribuzione del lavoro dipendente può essere suddivisa in due componenti in base al momento in cui viene erogata:

- **Retribuzione immediata**: Questa retribuzione è corrisposta periodicamente al lavoratore, solitamente sotto forma di stipendio o salario regolare (mensile, settimanale, ecc.).

• **Retribuzione differita**: Questa componente della retribuzione viene erogata al lavoratore al termine del rapporto di lavoro, ritardando così il pagamento rispetto al periodo in cui è stata prestata la prestazione lavorativa. Questa forma di retribuzione è comunemente nota come indennità o Trattamento di Fine Rapporto (TFR).

Iniziando dalla retribuzione di base, va notato che essa rappresenta un costo aziendale e genera un debito verso i dipendenti:

Dare (+)	Avere (-)	+	-
Salari e Stipendi	Personale C/ Retribuzioni	2.000 €	2.000 €

Come è noto, per quanto riguarda i contributi previdenziali, un terzo di questi è sostenuto direttamente dal lavoratore e viene trattenuto dalla sua retribuzione, mentre i restanti due terzi sono a carico dell'azienda.

I contributi previdenziali a carico dell'azienda costituiscono un costo di esercizio e sono registrati nel conto "Oneri Sociali", generando così un debito nei confronti degli enti previdenziali:

Dare (+)	Avere (-)	+	-
Oneri Sociali	Debiti V/ Istituti Previdenz.	500 €	500 €

Come accennato precedentemente, il dipendente non è responsabile per il pagamento diretto della sua quota di contributi previdenziali; al contrario, questa responsabilità è a carico del datore di lavoro, che agisce come sostituto d'imposta.

Il datore di lavoro trattiene questa somma dalla retribuzione del dipendente. Allo stesso modo, l'azienda deve effettuare la ritenuta alla fonte per l'IRPEF (Imposta sul Reddito delle Persone Fisiche) al momento del pagamento del salario al dipendente:

Dare (+)	Avere (-)	+	-
//	Debiti V/ Istituti Previdenz.		250 €
//	Erario C/ Ritenute		750 €
//	Banche C/C		1.000 €
Personale C/ Retribuzioni		2.000 €	

In conclusione, l'azienda procederà al versamento dei contributi previdenziali e delle ritenute IRPEF in un unico modello F24, da effettuare entro il 16 del mese successivo a quello in cui è stata erogata la retribuzione:

Dare (+)	Avere (-)	+	-
//	Banche C/C		1.500 €
Debiti V/ Istituti Previdenz.		750 €	
Erario C/ Ritenute		750 €	

Per quanto riguarda il costo del lavoro, questo include non solo i salari e gli stipendi regolarmente pagati insieme ai relativi contributi previdenziali e assistenziali, ma anche la "retribuzione differita," che rappresenta la quota di trattamento di fine rapporto (TFR) maturata durante l'esercizio ma pagata in un momento successivo, di solito alla fine del rapporto di lavoro.

Il TFR è legato alla durata del rapporto di lavoro e costituisce un costo aggiuntivo per l'azienda, poiché rappresenta una riserva per l'acquisizione di risorse per futuri pagamenti ai lavoratori. Alla fine di ogni esercizio contabile, è necessario rilevare:

- La quota capitale del TFR maturata nell'anno da tutti i lavoratori.

- La rivalutazione del debito per il TFR accumulato negli anni precedenti per tutti i lavoratori, soggetta a una tassazione definitiva del 17%. La rivalutazione è fondamentale per garantire che il potere d'acquisto del TFR rimanga invariato nel tempo, considerando l'inflazione. La rivalutazione si basa sugli indici dei prezzi al consumo per le famiglie di operai e impiegati, stabiliti dall'ISTAT.

La somma di queste due componenti (quota capitale maturata e rivalutazione del debito di TFR) costituisce il costo di competenza dell'esercizio e, di conseguenza, diventa un costo per l'azienda. Questa operazione contabile relativa al TFR viene eseguita alla fine dell'anno, durante le scritture di assestamento.

Poiché il TFR rappresenta una forma di retribuzione a pagamento differito, viene erogato ai dipendenti solo al momento della fine del rapporto di lavoro o in situazioni particolari previste dalla legge.

Ad esempio, supponiamo che la nostra azienda abbia rilevato una quota capitale di TFR pari a 200€ e una rivalutazione del TFR di 100€ (soggetta a un'imposta sostitutiva del 17%) di competenza dell'esercizio. La somma totale di 200€ + 100€ è riconosciuta come costo nell'esercizio contabile e ha come contropartite il debito complessivo per il TFR, che sarà pagato ai lavoratori in futuro, e il debito verso l'erario per il pagamento dell'imposta sostitutiva.

Dare (+)	Avere (-)	+	-
TFR	// Debiti per TFR Erario C/ Imp. Sostitutiva	300 €	283 € 17 €

Una volta che il dipendente ha presentato le dimissioni, l'azienda deve procedere con il pagamento del TFR al dipendente, tenendo conto delle ritenute fiscali per le imposte sui redditi. Supponendo che il dipendente si dimetta il giorno successivo alla registrazione menzionata nel punto precedente:

Dare (+)	Avere (-)	+	-
// Debiti per TFR	Banche C/C Erario C/ Ritenute	283 €	183 € 100 €

Ora concentriamoci sulle operazioni di finanziamento da parte di terzi, le quali comportano due aspetti principali:

- L'obbligo di restituire il capitale alla scadenza concordata.

- L'obbligo di pagare una remunerazione, espressa sotto forma di interessi passivi, indipendentemente dal risultato economico della gestione.

È essenziale ricordare che tutti i rimborsi del capitale sono registrati come voci nello stato patrimoniale, mentre le remunerazioni del capitale (cioè gli interessi passivi) sono registrate come voci nel conto economico.

Un esempio comune di finanziamento di medio/lungo termine è il mutuo. Tipicamente, il mutuo è concesso in cambio di garanzie sia reali (come un'ipoteca) che personali ed è erogato da una banca o un istituto finanziario autorizzato. Il rimborso del mutuo avviene di solito seguendo un "piano di ammortamento," che prevede il pagamento periodico di rate.

Ogni rata è composta da una quota di capitale e da una quota di interessi passivi maturati. Supponiamo che la nostra azienda abbia ottenuto un mutuo di 500€ da rimborsare in 5 anni tramite rate annuali posticipate. Il piano di ammortamento prevede quote di capitale costanti di 100€ ed è il seguente:

	Anno 1	Anno 2	Anno 3	Anno 4	Anno 5
Quota Capitale	100 €	100 €	100 €	100 €	100 €
Quota Interessi	50 €	40 €	30 €	20 €	10 €
Rata	**150 €**	**140 €**	**130 €**	**120 €**	**110 €**

Alla data in cui il mutuo viene erogato, si verifica un'entrata nel conto corrente aziendale. In contropartita, si registra un aumento del debito nel conto "mutui passivi," il quale è un elemento nello stato patrimoniale dell'azienda.

Dare (+)	Avere (-)	+	-
Banche C/C	Mutui Passivi	500 €	500 €

Come sappiamo, quando la nostra impresa effettua il rimborso di ciascuna rata, questa transazione comporta una suddivisione dell'uscita dal conto corrente in due componenti. La prima componente va a ridurre il debito residuo registrato nel conto "mutui passivi," mentre la seconda componente costituisce una spesa necessaria per remunerare il capitale ottenuto in prestito, ossia gli interessi passivi:

Dare (+)	Avere (-)	+	-
	Banche C/C		150 €
Mutui Passivi		100 €	
Interessi Passivi		50 €	

Affrontando ora il tema degli investimenti pluriennali, è importante sottolineare che essi comprendono l'acquisizione di fattori produttivi destinati a rimanere nell'impresa per più esercizi, a differenza dei fattori produttivi correnti, come materie prime, materiali ed energia, che esauriscono la loro utilità in un singolo processo produttivo.

Le immobilizzazioni possono essere suddivise in due categorie principali:

- Immobiliari: Queste sono rappresentate da beni tangibili di uso durevole che forniscono utilità nell'impresa per più esercizi. Ogni anno, contribuiscono alla formazione dei risultati economici attraverso una "quota di ammortamento". Esempi di immobilizzazioni materiali includono terreni, edifici, impianti e macchinari, attrezzature, mobili, arredi e automezzi.

- Immateriali: Questa categoria comprende elementi del patrimonio aziendale caratterizzati dalla mancanza di tangibilità, come diritti, conoscenze e qualità che contribuiscono direttamente o indirettamente alla capacità reddituale presente e futura dell'azienda. Le immobilizzazioni immateriali sono soggette al processo di ammortamento e possono includere brevetti, licenze, marchi, oneri pluriennali e avviamento.

- Finanziarie: rappresentano principalmente partecipazioni in altre società e strumenti finanziari detenuti per finalità di investimento di lungo periodo.

In questo contesto, affronteremo il caso di un'immobilizzazione acquistata da terzi a titolo oneroso. È importante notare che oltre al semplice costo di acquisto di un bene, possono esserci ulteriori oneri di carattere accessorio associati all'acquisto.

Le spese di carattere accessorio, come spese notarili, spese di intermediazione e spese di collaudo, devono essere considerate come parte integrante del costo di acquisto del cespite principale se sono ritenute utili per un periodo pluriennale. Tuttavia, se queste spese accessorie sono necessarie solo per l'esercizio in cui sono sostenute e non hanno un impatto pluriennale, non dovrebbero essere aggiunte al costo di acquisto del cespite.

Supponiamo che la nostra azienda acquisti un impianto per 2000€ + IVA 20% e successivamente richieda una consulenza di installazione per 100€ + IVA. Questa spesa accessoria deve essere considerata un aumento del valore dell'impianto, ossia un incremento del suo costo di acquisto, e quindi dovrebbe essere registrata nello stato patrimoniale come parte dell'immobilizzazione materiale.

Dare (+)	Avere (-)	+	-
// Impianti IVA a Credito	Debiti Vs Fornitori	2.100 € 420 €	2.520 €

La normativa IVA prevede regole di detraibilità parziale per l'IVA sugli acquisti di determinati beni strumentali ad utilizzo misto, noti come "uso promiscuo," tra cui rientrano, ad esempio, gli automezzi. La parte dell'IVA che non può essere completamente detratta per un acquisto viene considerata come un onere accessoria e viene aggiunta al valore del bene nell'attivo patrimoniale dell'azienda.

Per illustrare questo concetto, immaginiamo che la nostra azienda abbia acquistato un automezzo al costo di 10.000€ più l'IVA. Tuttavia, secondo le norme fiscali, è possibile detrarre solo il 40% dell'IVA pagata su questo acquisto.

La parte rimanente dell'IVA, che corrisponde al 60% del totale, verrà inizialmente registrata come un costo nel conto economico dell'azienda. Nel contempo, la parte detraibile dell'IVA verrà gestita secondo le procedure fiscali standard, come ad esempio versata all'erario nel conto IVA.

Dare (+)	Avere (-)	+	-
//	Debiti VS Fornitori		12.000 €
IVA a Credito		800 €	
IVA Indetraibile		1.200 €	
Automezzi		10.000 €	

La parte di IVA che non è stata inizialmente detratta e che è stata registrata come costo nel conto economico deve poi essere aggiunta al valore del bene acquistato.

Pertanto, si procede alla chiusura del registro relativo all'IVA indetraibile, e l'effetto contabile opposto è un aumento del valore dell'immobilizzazione materiale acquistata dall'azienda, che viene registrato nell'attivo patrimoniale del bilancio.

Dare (+)	Avere (-)	+	-
Automezzi	IVA Indetraibile	1.200 €	1.200 €

Nel contesto degli investimenti in beni pluriennali, è essenziale considerare il processo di ammortamento, che rappresenta una procedura tecnico-contabile volta a distribuire il costo di acquisto di un'immobilizzazione tra gli esercizi che compongono la sua vita utile. Questo processo continua fino a quando l'importo registrato nel fondo ammortamento coincide con il valore di iscrizione (costo) del bene.

Le registrazioni relative all'ammortamento, a meno che non si verifichi una vendita del bene durante l'anno, devono essere effettuate alla data del 31 dicembre di ciascun anno.

Prendendo come esempio l'automezzo acquistato precedentemente, il quale ha un valore contabile di 11.200€ dopo l'acquisto e si prevede abbia una vita utile di 10 anni, con un valore residuo stimato di 2.000€ alla fine della sua vita utile. Pertanto, è necessario ammortizzare 9.200€ in 10 anni, il che significa che l'ammortamento annuale sarà di 920€.

Dare (+)	Avere (-)	+	-
Amm.to Automezzi	F.ndo Amm.to Automezzi	920 €	920 €

Il registro contabile "fondo ammortamento automezzi" è uno strumento che consente di ridurre in modo indiretto il valore dell'immobilizzazione. Di solito, due approcci distinti vengono adottati a seconda del tipo di immobilizzazione:

- Per le immobilizzazioni materiali, come ad esempio un automezzo, viene applicato un ammortamento indiretto. In questa procedura, viene creato un registro contabile chiamato "fondo di ammortamento" all'interno dello stato patrimoniale. Successivamente, il fondo di ammortamento viene utilizzato per rettificare il valore dell'immobilizzazione corrispondente.

- Per le immobilizzazioni immateriali, si adotta un approccio di ammortamento diretto, che comporta una riduzione diretta del valore dell'immobilizzazione senza la creazione di un fondo di ammortamento.

Questo processo prosegue fino a quando il valore del fondo di ammortamento raggiunge il valore previsto per l'immobilizzazione alla fine della sua vita contabile. Questo valore potrebbe essere, ad esempio, 2.000€, ma potrebbe anche essere 0€ se si prevede che il bene verrà completamente smaltito alla fine della sua vita contabile.

Va notato che è possibile modificare il piano di ammortamento in qualsiasi momento, ad esempio se si decide di modificare la durata utile prevista per il bene.

Ora, esaminiamo il processo di dismissione di un cespite a seguito di una cessione a terzi. Nel caso di vendita di un'immobilizzazione, è necessario confrontare il prezzo di vendita con il valore netto contabile dell'immobilizzazione alla data della cessione. Il valore netto contabile si calcola in questo modo:

$$VNC = Costo\ storico - controvalore\ del\ relativo\ fondo\ di\ ammortamento$$

Nel processo di dismissione di un cespite a seguito di una cessione a terzi, il confronto tra il prezzo di vendita e il Valore Netto Contabile (VNC) può condurre a due scenari distinti:

- Se il prezzo di dismissione supera il VNC, l'azienda registra una plusvalenza, che rappresenta un componente positivo del reddito.
- Se il prezzo di dismissione è inferiore al VNC, l'azienda registra una minusvalenza, che costituisce un componente negativo del reddito.

Per esemplificare questo concetto, consideriamo l'automezzo precedentemente menzionato, acquistato a 10.000€ con un costo di IVA indetraibile di 1.200€. Supponiamo che l'azienda desideri venderlo a 9.500€ + IVA esattamente due anni dopo l'acquisto.

La prima operazione da eseguire è il calcolo del Valore Netto Contabile dell'automezzo, che ammonta a 11.200€ - (920€ x 2) = 9.360€. Poiché il Valore Netto Contabile è inferiore al prezzo di vendita, l'azienda genererà una plusvalenza di 9.500€ - 9.360€ = 140€.

Per registrare la cessione dell'immobilizzazione materiale nei libri contabili, la prima azione consiste nel stornare il fondo di ammortamento. Questo significa azzerare il fondo di ammortamento e, come contropartita, ridurre il valore del bene.

Dare (+)	Avere (-)	+	-
F.ndo Amm.to Automezzi	Automezzi	1.840 €	1.840 €

Ora possiamo procedere con l'operazione di vendita effettiva, durante la quale l'azienda registrerà l'entrata di cassa. Contemporaneamente, rimuoverà dai registri contabili il Valore Netto Contabile (VNC) relativo agli automezzi. Inoltre, sarà necessario registrare l'IVA a debito e una plusvalenza come ricavo.

Dare (+)	Avere (-)	+	-
Banche C/C		11.400 €	
	Automezzi		9.360 €
	IVA a Debito		1.900 €
	Plusvalenze		140 €

La dismissione di un bene strumentale può anche verificarsi senza coinvolgere una cessione a terzi, ma piuttosto per eliminazione volontaria (come la radiazione, nel caso in cui il bene strumentale non abbia più alcuna redditività e non possa essere venduto sul mercato) o involontaria (come la distruzione o la sottrazione).

Supponiamo che, esattamente due anni dopo l'acquisto, un autoveicolo venga distrutto e che la società non fosse coperta da alcuna polizza assicurativa. La società dovrà registrare una sopravvenienza passiva, che rappresenta una componente negativa di reddito, e in contropartita eliminare l'automezzo dai libri contabili.

Dare (+)	Avere (-)	+	-
Sopravvenienze Passive	Automezzi	9.360 €	9.360 €

3.1.2 Scritture di assestamento

Abbiamo già menzionato l'importanza del principio della competenza economica nella redazione del bilancio. Questo principio stabilisce che:

- I componenti positivi e negativi di reddito devono essere attribuiti solo al periodo amministrativo a cui si riferiscono.

- I componenti positivi e negativi di reddito devono essere strettamente correlati tra loro. Ciò significa che i costi rilevati in bilancio devono essere sostenuti esclusivamente per ottenere i correlati ricavi imputati nell'esercizio.

In base a questo principio, gli effetti economici delle operazioni aziendali devono essere registrati nel periodo di riferimento, indipendentemente dalla data in cui si verificano i movimenti finanziari effettivi. Questo implica che le aziende non devono basare le loro registrazioni esclusivamente sul principio di cassa. Alla fine di ogni esercizio, è necessario effettuare le scritture di assestamento per rispettare il principio di competenza economica.

Le registrazioni contabili per gli assestamenti si suddividono in due categorie principali:

- Scritture di integrazione: Queste scritture sono necessarie quando è richiesto di aggiungere costi e ricavi di competenza, con l'effetto di registrare una variazione nel bilancio patrimoniale. Un esempio comune è rappresentato dai ratei.

- Scritture di storno: Le scritture di storno sono utilizzate per rettificare costi e ricavi precedentemente registrati nel corso dell'esercizio ma che, in realtà, non sono di competenza per quel periodo. L'effetto di queste scritture comporta una variazione nei valori patrimoniali, come ad esempio nei risconti.

Quando un'azienda acquista fattori produttivi correnti, assume di solito che saranno completamente utilizzati durante l'esercizio in corso, pertanto vengono imputati come costi. Tuttavia, questa ipotesi non sempre si verifica poiché spesso non tutti i fattori produttivi acquistati vengono consumati nello stesso anno.

Pertanto, alla fine dell'esercizio, è necessario effettuare un inventario dei beni ancora disponibili in magazzino, tra cui merci, materie prime, materie sussidiarie, semilavorati e prodotti finiti.

Le rimanenze di magazzino rappresentano valori che appartengono a più di un periodo contabile, in quanto sono collegati a processi produttivi in corso o a beni che saranno utilizzati o venduti in periodi successivi.

Per aderire al principio di competenza economica, che richiede che i componenti positivi e negativi di reddito siano strettamente correlati, è necessario effettuare una scrittura di assestamento alla fine dell'esercizio:

- Nella parte del Conto Economico, viene incluso l'importo delle rimanenze, trattate come ricavi.
- La contropartita di questa registrazione viene riportata nel Bilancio Patrimoniale poiché le rimanenze sono considerate "asset" che genereranno ricavi nei periodi contabili successivi.

Quando si determina l'importo da attribuire alle rimanenze finali, si utilizza il valore minore tra il costo originario e il valore di mercato, ossia il prezzo al quale tali rimanenze potrebbero essere vendute sul mercato.

Alla riapertura dei conti, è necessario effettuare un'operazione di "spostamento" delle rimanenze in magazzino dallo stato patrimoniale al conto economico poiché rappresentano beni destinati a essere consumati nell'esercizio successivo. In altre parole, le rimanenze finali devono essere trasformate in rimanenze iniziali.

Per illustrare questo processo, consideriamo un esempio in cui l'azienda ha acquistato 300 unità di un prodotto al costo unitario di 1€ ciascuna e ha venduto 200 di queste unità durante l'esercizio al prezzo di 1.5€ ciascuna. Alla fine dell'esercizio, rimangono 100 unità, e il costo di mercato per ciascuna di esse è di 1.2€.

Per aderire al principio di competenza, è necessario effettuare le seguenti scritture di assestamento al 31/12:

- Rettificare i costi rilevati ma non ancora sostenuti (per il principio di competenza): Inserire l'importo delle rimanenze nel conto economico sotto la voce "rimanenze finali di merci e prodotti finiti".
- Contropartita di tipo patrimoniale: La contropartita di questa registrazione va a finire nel mastrino "rimanenze a magazzino di merci e prodotti finiti" nel bilancio patrimoniale.

Nel caso specifico, essendoci 100 unità rimanenti e il costo unitario di 1€ è inferiore rispetto al valore di mercato di 1.2€, il valore delle rimanenze finali sarà semplicemente di 100 * 1€ = 100€.

Dare (+)	Avere (-)	+	-
Magazzino	Rimanenze Finali	100 €	100 €

I risconti rappresentano un tipo di registrazione contabile effettuata in modo anticipato rispetto al principio di competenza economica. Questi risconti possono riguardare due situazioni principali:

- Costi rilevati nell'esercizio, ma in parte di competenza dell'esercizio successivo: In questo caso, il valore del risconto è determinato in base al periodo di tempo economico che deve ancora trascorrere alla chiusura dell'esercizio. Ad esempio, se il costo è relativo a 12 mesi ma solo 8 mesi sono di competenza dell'esercizio corrente, il valore del risconto sarà rappresentato da quella parte del costo che deve essere rimandata all'esercizio successivo.
- Ricavi rilevati nell'esercizio, ma in parte di competenza dell'esercizio successivo: Similmente al caso dei costi, anche qui il valore del risconto è calcolato in base al periodo di tempo economico rimanente alla fine dell'esercizio.

I risconti sono particolarmente rilevanti in situazioni in cui le prestazioni di servizi hanno una manifestazione economica correlata al tempo, seguendo il principio "pro-rata temporis". Queste situazioni possono includere pagamenti come affitti, premi assicurativi e interessi.

Le scritture di risconto sono considerate operazioni di storno poiché rettificano i costi o i ricavi che non sono di competenza dell'esercizio in corso, trasferendoli invece a quello successivo. Fondamentalmente, esistono due tipi principali di risconti:

- Risconti attivi: Questi risconti riguardano costi che sono stati rinviati al futuro perché non sono di competenza dell'esercizio corrente. Un esempio potrebbe essere il risconto relativo agli affitti passivi, ai premi assicurativi o a determinate spese di manutenzione.

- Risconti passivi: In contrasto, i risconti passivi riguardano ricavi che sono stati rinviati al futuro perché non sono di competenza dell'esercizio corrente. Un esempio di risconto passivo potrebbe riguardare gli affitti attivi.

In entrambi i casi, l'obiettivo dei risconti è allineare correttamente i costi e i ricavi con i periodi di competenza economica appropriati, garantendo che le registrazioni contabili rispecchino con precisione la realtà finanziaria dell'azienda.

I risconti attivi rappresentano importi contabili che coinvolgono due o più esercizi contabili e si riferiscono a porzioni di costi che sono stati registrati integralmente nell'esercizio corrente o in esercizi precedenti, ma che devono essere posticipati al nuovo esercizio contabile in quanto sono anche di competenza di quest'ultimo.

Per comprendere meglio il concetto, possiamo immaginare il risconto attivo come un "credito futuro" che l'azienda ha nei confronti del fornitore o di un'altra controparte. Questo credito rappresenta il diritto dell'azienda di ricevere un servizio o un beneficio senza dover effettuare ulteriori pagamenti al fornitore.

Per esempio, supponiamo che la nostra azienda abbia anticipato un pagamento di 12.000€ per un premio assicurativo che copre un periodo dal 1/10/x al 30/09/x+1. Tuttavia, parte di questo costo è di competenza dell'esercizio contabile corrente, mentre il resto è di competenza dell'esercizio successivo.

Nel caso del costo di competenza dell'esercizio corrente, che riguarda i 3 mesi rimanenti fino alla fine dell'anno (31/12), il risconto attivo rappresenta il credito futuro dell'azienda nei confronti del fornitore per il servizio assicurativo che verrà erogato nei mesi successivi.

Tuttavia, per quanto riguarda i 9 mesi successivi, che non sono di competenza dell'esercizio corrente ma dell'esercizio successivo, è necessario stornare questi costi dal conto economico corrente. In pratica, si tratta di "spostare" questi costi al periodo contabile successivo in modo che siano rilevati nel momento appropriato.

Nel momento delle scritture di assestamento al 31/12, è necessario effettuare i seguenti registri contabili per adeguare correttamente i costi delle assicurazioni e rilevare il risconto attivo:

- Nel conto economico, si effettua una rettifica dei costi per un importo di 9.000€. Questa rettifica è necessaria poiché si sta "spostando" una parte dei costi dall'esercizio corrente a quello successivo, rispettando così il principio di competenza economica.
- Nello stato patrimoniale, si registra un risconto attivo per lo stesso importo di 9.000€. Questo rappresenta il "credito futuro" dell'azienda nei confronti del fornitore delle assicurazioni, poiché l'azienda ha già anticipato il pagamento ma ha diritto a ricevere il servizio assicurativo nei mesi successivi.

Dare (+)	Avere (-)	+	-
Risconti Attivi	Assicurazioni	9.000 €	9.000 €

Dopo questa operazione, il saldo del conto Assicurazioni (costo) sarà composto solo dalla quota di costo di competenza, che ammonta a 3000€.

Come è noto, il 1° gennaio dell'anno successivo avviene la riapertura dei conti patrimoniali. In questa occasione, verrà chiuso il registro riguardante i premi assicurativi, e la contropartita naturale sarà il costo di competenza.

Dare (+)	Avere (-)	+	-
Assicurazioni	Risconti Attivi	9.000 €	9.000 €

I risconti passivi rappresentano valori condivisi tra due o più periodi contabili e si riferiscono a entrate registrate completamente nell'anno in corso o in anni precedenti, ma che devono essere posticipate a periodi successivi poiché sono rilevanti anche per esercizi futuri.

L'espressione "risconti passivi" trova applicazione nella nostra azienda poiché abbiamo ricevuto anticipatamente dei pagamenti, ma i servizi o beni per i quali siamo stati remunerati saranno effettivamente utilizzati solo parzialmente dai clienti. Di conseguenza, ciò comporta una sorta di obbligo di restituzione.

Immaginiamo, ad esempio, che la nostra azienda abbia ricevuto un pagamento anticipato di 3.000€ per l'affitto di un appartamento dal 1° dicembre/x al 1° febbraio/x+1. Tuttavia, questo costo deve essere allocato in parte all'anno corrente e in parte all'anno successivo. In questo caso, 1.000€ rappresentano ricavi riferibili all'anno in corso, mentre i rimanenti 2.000€ saranno riconosciuti come ricavi dell'anno successivo. Di conseguenza, è necessario registrare un risconto passivo per un ammontare di 2.000€, cioè sottrarre questa somma dalle entrate attive per gli affitti non ancora guadagnate nell'anno corrente e spostarla a bilancio per l'anno successivo.

Nel processo di registrazione dei bilanci di assestamento, dobbiamo quindi annullare la parte dei ricavi relativi agli affitti che non è di competenza dell'anno in corso e, come contropartita, registrare un risconto passivo.

Dare (+)	Avere (-)	+	-
Affitti Attivi	Risconti Passivi	2.000 €	2.000 €

Dopo questa operazione, il saldo del conto "Affitti attivi" conterrà esclusivamente il ricavo di competenza, che ammonta a 1000€.

Il 1° gennaio dell'anno X+1, quando procediamo con le scritture di riapertura dei conti, effettuiamo l'annullamento dell'importo dei risconti passivi, con conseguente chiusura del relativo registro. Come contropartita, registriamo un ricavo nel registro "Affitti attivi".

Dare (+)	Avere (-)	+	-
Risconti Passivi	Affitti Attivi	2.000 €	2.000 €

I ratei rappresentano una registrazione contabile che avviene in ritardo rispetto all'effettiva competenza economica e possono riguardare due situazioni:

Costi che avranno un impatto economico in futuro, ma che in parte sono riconducibili all'esercizio contabile in chiusura.

Ricavi che si verificheranno in futuro, ma che in parte sono di pertinenza dell'esercizio contabile in chiusura.

Il valore del rateo viene determinato tenendo conto del periodo di tempo economico che ancora deve trascorrere prima della chiusura dell'esercizio.

I ratei rappresentano delle registrazioni complementari poiché consentono di aggiungere costi o ricavi che non sono ancora stati contabilizzati (ad esempio, perché la fattura non è stata emessa o il pagamento non è ancora stato effettuato), ma che comunque rientrano nella competenza dell'esercizio in chiusura.

Esistono due tipologie principali di ratei:

- Ratei attivi: Questi sorgono quando ci sono ricavi che sono stati rilevati in anticipo, ma una parte di essi deve essere contabilizzata nell'esercizio in chiusura per rispettare il principio di competenza. Ad esempio, questo può accadere con i ricavi da affitti o gli interessi attivi.
- Ratei passivi: Questi emergono quando ci sono costi che sono stati rilevati in anticipo, ma una parte di essi deve essere attribuita all'esercizio in chiusura per rispettare il principio di competenza. Ad esempio, questo può accadere con gli interessi passivi o alcune spese di manutenzione.

I ratei attivi rappresentano valori che si riferiscono a più di un esercizio contabile e consentono di distribuire le quote di ricavi che saranno completamente contabilizzate negli esercizi futuri, ma che devono essere inclusi anche nell'esercizio corrente in chiusura per mantenere l'aderenza al principio di competenza.

Ipotizziamo che la nostra impresa conceda un prestito dal 1/10/X al 30/09/X+1, i cui interessi iniziano ovviamente a maturare da subito ma vengono pagati solo alla fine.

In questa situazione, stiamo affrontando un caso in cui abbiamo interessi che sono di competenza dell'attuale esercizio contabile, ma non sono ancora stati materializzati economicamente. Pertanto, ci troviamo di fronte a un "rateo attivo".

Di conseguenza, in conformità al principio di competenza economica, dobbiamo effettuare una registrazione contabile che comporta l'inclusione "forzata" di ricavi durante il processo di assestamento.

Questi ricavi, che sono di competenza dell'attuale esercizio, devono essere registrati nel conto dei ricavi "interessi attivi", mentre la contropartita di questa operazione verrà annotata nel registro dei "ratei attivi".

Dare (+)	Avere (-)	+	-
Ratei Attivi	Interessi Attivi	10 €	10 €

Il 1° gennaio dell'anno X+1, durante il processo di riapertura dei conti, procediamo alla chiusura del registro relativo ai "ratei attivi". Come contropartita, registriamo la quota di reddito derivante dagli interessi, che sarà utilizzata per rettificare gli interessi che la nostra azienda riceverà nei mesi successivi.

Dare (+)	Avere (-)	+	-
Interessi Attivi	Ratei Attivi	10 €	10 €

Qualche mese dopo, quando la nostra azienda riceverà il pagamento degli interessi, noteremo che grazie alla rettifica dei "ratei attivi" effettuata in precedenza nel registro apposito, il saldo mostrerà già l'importo relativo alla competenza dell'attuale esercizio.

I "ratei passivi" sono valori condivisi tra due o più periodi contabili che rappresentano quote di costi da imputare completamente a esercizi futuri. Tuttavia, per rispettare il principio di competenza, è necessario attribuire una parte di questi costi all'attuale esercizio in chiusura.

Supponiamo che la nostra impresa abbia ottenuto un prestito dal 1° ottobre/X al 30 settembre/X+1, con interessi che iniziano ad accumularsi sin da subito, ma che verranno pagati solo alla fine.

In questa situazione, siamo di fronte a interessi di competenza dell'attuale esercizio, ma che non hanno ancora avuto una manifestazione economica, creando così un "rateo passivo".

Supponiamo che la nostra azienda debba effettuare un pagamento posticipato il 1° giugno/X+1 di interessi passivi pari a 1200€ relativi a un contratto di finanziamento stipulato il 1° giugno/X.

In questa circostanza, dobbiamo obbligatoriamente rilevare la quota di costo relativa a 7 mesi di competenza dell'attuale esercizio, pari a 700€, mentre la parte rimanente è di competenza dell'esercizio successivo.

Nel processo di scritture di assestamento, registriamo quindi la parte degli interessi passivi che è di competenza dell'attuale esercizio, con la contropartita registrata nel registro dei "ratei passivi".

Dare (+)	Avere (-)	+	-
Interessi Passivi	Ratei Passivi	700 €	700 €

All'inizio dell'esercizio successivo, durante il processo di riapertura dei conti, procediamo alla chiusura del registro relativo ai "ratei passivi". La contropartita di questa operazione è rappresentata dagli "interessi passivi", come ovviamente previsto.

Dare (+)	Avere (-)	+	-
Ratei Passivi	Interessi Passivi	700 €	700 €

In seguito, quando la nostra azienda dovrà effettivamente pagare gli interessi alcuni mesi dopo, il saldo del registro "interessi passivi" sarà pari agli interessi passivi di competenza dell'attuale esercizio.

I "fondi" sono voci di passivo che sono legate a eventi specifici caratterizzati da incertezza su uno o più aspetti, tra cui:

- L'importo coinvolto.
- La data in cui si verificheranno.

- La reale probabilità che si verifichino.

In altre parole, i "fondi rischi" rappresentano delle "passività incerte" da vari punti di vista.

È importante notare che i "fondi" non devono essere confusi con gli "accantonamenti" (come, ad esempio, quello destinato a una riserva legale), che sono registrati nel patrimonio netto, mentre i "fondi" vengono inclusi tra le passività.

In particolare, si distinguono due tipi di "fondi":

- Fondi rischi: Questi vengono costituiti quando si prevede la possibilità di eventi futuri da cui potrebbero derivare passività, anche se tali eventi non sono certi al 100% che si verificheranno.
- Fondi oneri: Vengono costituiti in previsione di spese future che sicuramente si verificheranno, ma che sono incerte nell'ammontare o nella data in cui si verificheranno.

Concentreremo ora la nostra attenzione sui "fondi rischi", spiegando la pratica contabile con cui si stima il valore legato a un evento futuro probabile e si mette da parte in un "fondo" dedicato. Quando l'evento negativo previsto si materializza, il fondo viene utilizzato, rispettando il principio di competenza economica.

Dal punto di vista contabile, quando si istituisce un "fondo rischi", registriamo una "potenziale perdita" che viene prudenzialmente riconosciuta come una spesa nell'apposito registro "accantonamento al fondo rischi", e la contropartita è una voce patrimoniale che costituisce il "fondo rischi", classificato come una passività nel bilancio.

Quando l'evento si verifica effettivamente, registriamo una componente negativa di reddito e la corrispondente uscita di denaro certa o stimata. Questa componente negativa viene "retroattivamente rettificata" utilizzando il "fondo rischi" precedentemente costituito.

Un esempio concreto di "fondo rischi" è il cosiddetto "Fondo controversie legali". Questo fondo viene creato quando esiste un rischio concreto, ovvero una probabilità superiore al 50%, di affrontare richieste di risarcimento per responsabilità contrattuale o simili. La costituzione di questo fondo è necessaria quando è probabile (non solo possibile) che l'azienda debba affrontare futuri pagamenti dovuti a controversie con clienti, dipendenti o altre parti.

Immaginiamo che la nostra società sia citata in giudizio per un risarcimento di 6000€ e che il nostro avvocato ritenga probabile una sentenza sfavorevole per la società, stimando un risarcimento di 3000€. In aggiunta, si prevede che la società dovrà sostenere 100€ di spese legali.

Nel processo di scritture di assestamento, alla fine dell'anno, il 31 dicembre, procediamo con l'iscrizione di un costo per la controversia legale nel registro dei ricavi e come contropartita apriamo un registro patrimoniale denominato "fondo controversie legali".

Dare (+)	Avere (-)	+	-
Acc.to Contenz. Civile	F.ndo Contenz. Civile	3.100 €	3.100 €

Alla fine, l'avvocato aveva ragione, e il 7 settembre/X+1, il giudice stabilisce un risarcimento totale di 3.000€. Le spese legali ammontano, come previsto, a 100€. Nella stessa data, quindi, registriamo il costo relativo alle spese per il contenzioso civile, e la contropartita è un debito diverso, proprio perché questi fondi non vengono immediatamente pagati.

Dare (+)	Avere (-)	+	-
Spese per Cont. Civile	Debiti Diversi	3.100 €	3.100 €

Sempre il 7 settembre/X+1, procediamo alla chiusura del registro associato al "fondo contenzioso civile", che in questa circostanza è stato completamente utilizzato, e come contropartita registriamo l'importo nel registro delle "spese per contenzioso civile".

Dare (+)	Avere (-)	+	-
F.ndo Contenz. Civile	Spese per Cont. Civile	3.100 €	3.100 €

Come possiamo notare, la componente negativa del reddito (l'accantonamento per contenzioso civile) viene registrata nell'esercizio in cui sorge la controversia legale e non nell'esercizio in cui il danno viene effettivamente liquidato. Questo approccio è adottato per conformarsi sia al principio di prudenza che al principio di competenza contabile.

3.2 Documenti Obbligatori

Nel campo della contabilità, ci sono tre documenti fondamentali che richiedono una gestione attenta da parte di un commercialista per garantire una registrazione finanziaria precisa e conforme alle leggi fiscali:

- **Libro giornale**
- **Libro mastro**
- **Registri IVA**

Questi tre documenti possono essere mantenuti su sistemi elettronici, ma in caso di controlli fiscali, bisogna assicurarsi che siano aggiornati.

Il libro giornale costituisce il fulcro delle registrazioni contabili di un'azienda. In questo registro, ogni transazione finanziaria viene annotata in dettaglio in ordine cronologico. Ciascuna voce nel libro giornale include la data, una descrizione della transazione e gli importi relativi a debitore e creditore.

Codice Conto Dare	Codice Conto Avere	# Operazione: Data: Conto da Addebitare	A	Conto/i da Accreditare	Importo DARE	Importo AVERE
		Descrizione dell'operazione				

Questo libro segue il principio contabile della partita doppia, il che significa che ogni transazione influisce su almeno due conti contabili, con un importo registrato sia in dare che in avere. In un articolo di partita doppia, possono esserci anche più voci debitrici o creditrici, e in tal caso si utilizza la dicitura "Diversi".

L'importante è che, anche con più voci nello stesso articolo, il totale in dare sia uguale al totale in avere. Nelle prime due colonne a sinistra vengono indicati i codici dei conti, definiti nel piano dei conti, con il codice del conto addebitato nella prima colonna e quello accreditato nella seconda. In alto a sinistra viene registrato il numero progressivo della registrazione e al centro la data dell'operazione.

Nella terza colonna, a sinistra, viene indicato il conto da addebitare (cioè il conto nel quale viene registrato l'importo in dare), mentre a destra viene indicato il conto da accreditare (cioè il conto che riceve l'importo in avere), preceduto dalla lettera "A".

Il libro mastro rappresenta in modo organizzato le registrazioni contenute nel libro giornale. Ogni conto contabile ha il suo registro specifico nel libro mastro, dove vengono sommati i saldi dei conti debitori e creditori. Per esempio, il conto "Contanti" raccoglierà tutte le registrazioni relative all'entrata e all'uscita di denaro aziendale, mantenendo il saldo corrente.

Nome Conto

DARE	AVERE

Ogni transazione viene registrata in due registri separati, come ad esempio un acquisto di materie prime da 100€ che verrà annotato sia nel registro cassa con un importo negativo di 100€ che nel registro materie prime con un importo positivo di 100€ come avere. Il libro mastro fornisce una visione chiara e organizzata della situazione finanziaria aziendale, consentendo al commercialista di monitorare facilmente i saldi dei conti e generare rapporti finanziari accurati. È un passaggio essenziale nella preparazione dei bilanci e delle dichiarazioni fiscali.

Il libro giornale e il libro mastro, alla fine dell'anno, vengono "svuotati" e le informazioni vengono trasferite al conto economico e allo stato patrimoniale. In questi documenti finali, non è necessario riportare tutte le singole transazioni, ma piuttosto i totali di ciascuna categoria dal libro mastro, collocandoli nelle posizioni appropriate.

I registri IVA sono documenti specifici per la registrazione delle operazioni relative all'imposta sul valore aggiunto (IVA). Esistono diverse tipologie di registri IVA, che ogni soggetto IVA deve predisporre:

- **Registro delle Fatture Emesse**: Il registro delle fatture emesse, è un documento in cui vengono annotate tutte le fatture emesse in ordine cronologico, seguendo la numerazione corrispettiva in base alla data di emissione.
- **Registro dei Corrispettivi**: Il registro dei corrispettivi registra il valore totale di tutti gli scontrini fiscali emessi durante la giornata, con l'obbligo di registrare entro il giorno lavorativo successivo. Le registrazioni includono la distinzione tra importi imponibili, importi non imponibili e importi esenti.
- **Registro degli Acquisti**: Il registro degli acquisti è destinato all'annotazione di fatture e bollette doganali relative ai beni e servizi utilizzati nell'attività commerciale dell'impresa. Questo registro è cruciale per il calcolo dell'IVA da versare o da recuperare nelle dichiarazioni fiscali periodiche. Ogni voce nel registro IVA comprende l'ammontare dell'IVA, la data e una descrizione dettagliata della transazione. Questo strumento assiste il

commercialista nell'assicurarsi della corretta elaborazione dei calcoli IVA e nell'adempimento delle normative fiscali.

4. Tassazione

4.1 Imposte dirette

Le imposte dirette sono quelle che incidono direttamente sul reddito delle imprese e costituiscono un elemento cruciale della fiscalità aziendale in Italia. In questo capitolo, esamineremo due delle principali imposte dirette che impattano sulle attività aziendali nel Paese: l'IRES (Imposta sul Reddito delle Società) e l'IRAP (Imposta Regionale sulle Attività Produttive).

L'IRES è l'imposta che grava sul reddito delle società ed è applicata a tutte le società di capitali, inclusi tipi legali come la S.p.A. (Società per Azioni) e la S.r.l. (Società a Responsabilità Limitata). Questa imposta incide sul reddito imponibile dell'azienda, che rappresenta la differenza tra i ricavi soggetti a tassazione e i costi deducibili sostenuti per generare tali ricavi. L'aliquota IRES è stabilita a livello nazionale e si attesta al 24%.

Ogni azienda è tenuta a presentare una dichiarazione IRES annuale, nella quale deve indicare tutti i redditi e le detrazioni rilevanti. L'importo dell'IRES dovuto viene calcolato in base alle aliquote vigenti e alle deduzioni applicabili.

L'IRAP rappresenta un'imposta regionale che colpisce le attività produttive, coinvolgendo non solo le società di capitali, ma anche le società di persone, come ad esempio le SAS (Società in Accomandita Semplice) e le SNC (Società in Nome Collettivo).

Questa imposta è stabilita a livello regionale, il che significa che le aliquote e le normative possono variare da una regione all'altra e da un anno all'altro, ma sempre all'interno di determinati limiti definiti dalla legge nazionale.

La base imponibile dell'IRAP differisce da quella dell'IRES, poiché si basa sul valore aggiunto dell'azienda, che rappresenta la differenza tra il valore della produzione e il valore dei beni e servizi intermedi utilizzati (senza considerare il costo del lavoro). Per conoscere l'aliquota IRAP applicabile nella tua regione, puoi consultare il sito del Ministero dell'Economia e delle Finanze.

Poiché l'incidenza dell'IRES è significativamente maggiore rispetto all'IRAP, ci concentreremo esclusivamente su quest'ultima in questo libro. Come abbiamo già menzionato, il reddito aziendale su cui viene calcolata l'IRES non è il reddito civile (RAI - Reddito Ante Imposte), ma è il reddito fiscale (RI - Reddito Imponibile), il quale viene determinato seguendo i criteri stabiliti dal TUIR (Testo Unico delle Imposte sui Redditi).

Mentre il RAI rappresenta la differenza tra i ricavi di competenza e i costi di competenza, il RI rappresenta la differenza tra i ricavi imponibili e i costi deducibili, e questi due importi differiscono quasi sempre. Tale discrepanza tra RAI e RI indica che non tutti i ricavi del conto economico sono soggetti a tassazione, e allo stesso modo, non tutti i costi del conto economico possono essere dedotti ai fini fiscali.

Il TUIR introduce quattro principi fiscali fondamentali che generano divergenze tra le componenti fiscali e quelle civilistiche:

- Principio di Competenza Fiscale: Ricavi e costi relativi all'acquisizione di beni mobili si considerano di competenza fiscale al momento della loro cessione, ovvero alla data di consegna o spedizione. Per quanto riguarda acquisti e prestazioni di servizi, i relativi ricavi e costi sono considerati di competenza quando vengono effettivamente erogati. Nel caso di compravendita di beni immobili, ricavi e costi sono considerati di competenza alla stipulazione dell'atto di compravendita. Per transazioni che si verificano tra due esercizi contabili, si considera di competenza la quota proporzionale attribuibile all'esercizio stesso. A differenza del principio civilistico, i dividendi incassati da un'azienda sono considerati di competenza solo quando sono stati effettivamente ricevuti.

- Principio di Inerenza: I costi deducibili e i ricavi imponibili devono essere strettamente collegati da un rapporto di causa-effetto, cioè deve esistere una relazione diretta tra le spese sostenute e i ricavi generati, ad eccezione degli interessi passivi, oneri fiscali e contributi previdenziali, che sono sempre deducibili.

- Principio di Certezza e Oggettiva Determinabilità: Ricavi, spese e altri componenti rilevanti per l'esercizio di competenza sono inclusi nel reddito imponibile solo quando esistono condizioni certe o oggettivamente determinabili per il loro riconoscimento. La certezza sussiste quando si verifica il presupposto previsto per il riconoscimento di una spesa o un ricavo (ad esempio, la consegna di merce o la stipulazione di un atto pubblico). L'oggettiva determinabilità richiede un elemento probatorio, come una fattura o un contratto. In mancanza di uno di questi requisiti, spese o ricavi non sono deducibili o imponibili e possono essere riconosciuti solo negli esercizi successivi quando tali requisiti sono soddisfatti.

- Principio di Imputazione dei Costi: I ricavi, gli altri proventi e le rimanenze concorrono a formare il reddito imponibile, anche se non sono registrati nel conto economico. Le spese e gli altri componenti negativi non possono essere dedotti se non sono imputati al conto economico dell'esercizio di competenza. Tuttavia, vi sono due eccezioni a questo principio. In primo luogo, le spese e gli altri componenti negativi di reddito imputati al conto economico di un esercizio precedente sono deducibili, a condizione che la deduzione sia stata rinviata in conformità alle norme del TUIR. In secondo luogo, alcune specifiche componenti negative di reddito possono essere dedotte per disposizione legislativa, anche se non sono imputate al conto economico.

Per calcolare le imposte correnti, è necessario apportare correzioni extracontabili al Reddito Ante Imposte (RAI) a causa del principio di dipendenza parziale. Il RAI è definito come la differenza tra i ricavi di competenza e i costi di competenza. In pratica, partiamo dal RAI e apportiamo rettifiche, segnate con il segno negativo per i ricavi non imponibili e con il segno positivo per i costi non deducibili. Questo processo ci consente di ottenere il reddito imponibile su cui calcolare le imposte correnti.

+	Ricavi di Competenza
-	Costi di Competenza
=	**Reddito Ante Imposte (RAI)**
-	Ricavi non Imponibili
+	Costi non deducibili
=	**Reddito Imponibile (RI)**

Tra i ricavi non imponibili e i costi non deducibili, è possibile effettuare un ulteriore distinguo. Questo ci permette di ottenere una formula più sofisticata per calcolare il reddito imponibile (RI).

+	Ricavi di Competenza
-	Costi di Competenza
=	**Reddito Ante Imposte (RAI)**
-	Ricavi Esenti
-	Ricavi imponibili in esercizi successivi
+	Costi mai deducibili
+	Costi deducibili in esercizi successivi
=	**Reddito Imponibile (RI)**

Abbiamo suddiviso i ricavi non imponibili in due categorie: ricavi esenti e ricavi imponibili in esercizi successivi. Entrambe queste categorie rappresentano variazioni in diminuzione del reddito imponibile, spesso chiamate variazioni positive. Inoltre, abbiamo categorizzato i costi non deducibili in due gruppi: costi mai deducibili e costi deducibili in esercizi successivi.

Queste categorie indicano variazioni in aumento del reddito imponibile, talvolta chiamate variazioni negative. Vediamo alcuni esempi:

- **Costi deducibili in esercizi successivi**: Questa categoria include gli accantonamenti ai fondi che non hanno ancora acquisito la certezza, violando il principio della certezza e oggettiva determinabilità.

- **Costi mai deducibili**: Qui rientrano le sanzioni tributarie, che non possono mai essere sottratte dal reddito imponibile.

- **Ricavi esenti**: Il 95% dei dividendi acquisiti dalla nostra azienda non è mai imponibile se vengono soddisfatti i requisiti della partecipation exemption (PEX).

- **Ricavi imponibili in esercizi successivi**: Quando la nostra azienda vende un bene strumentale a un prezzo inferiore rispetto al suo valore netto contabile, realizza una plusvalenza. Dal punto di vista fiscale, questa plusvalenza può essere spalmata in quote costanti su un massimo di 5 esercizi. Di conseguenza, nel primo esercizio, i 4/5 di tale plusvalenza non sono imponibili, ma lo saranno negli esercizi successivi.

Dal punto di vista contabile, alla data del 31 dicembre di ogni esercizio, registriamo il costo relativo alle imposte dovute e il debito corrispondente per tali imposte. Questo importo tiene conto:

- dei pagamenti anticipati già effettuati, che generano crediti fiscali;
- di eventuali crediti d'imposta e delle ritenute d'acconto subite.

La registrazione delle imposte comporta una voce di costo che rappresenta una diminuzione del reddito aziendale, e la contropartita di questa registrazione è un debito nei confronti dell'Erario.

Per anticipare il pagamento delle imposte, sono previste due rate di acconto, calcolate in base a una stima effettuata sulla base della dichiarazione dei redditi dell'esercizio precedente:

- Primo Acconto: Deve essere versato all'Erario entro il 30 giugno dell'anno successivo alla chiusura dell'esercizio. Ad esempio, se l'esercizio inizia l'1/1/X, il primo acconto deve essere pagato entro il 30/6/X. In base alla normativa vigente, questo acconto è pari al 40% dell'imposta liquidata nell'anno precedente.

- Secondo Acconto: Deve essere versato entro l'11° mese dell'esercizio successivo. Ad esempio, se l'esercizio inizia l'1/1/X, il secondo acconto deve essere pagato entro il 30/11/X. Anche questo acconto è calcolato sulla base della normativa vigente ed è pari al 60% dell'imposta liquidata nell'anno precedente.

La base per calcolare gli acconti è l'assunzione che nell'esercizio successivo, l'azienda dovrà pagare imposte simili a quelle pagate nell'esercizio precedente.

Se l'azienda ha sia debiti che crediti fiscali, deve prima compensare i debiti con i crediti attraverso una registrazione contabile, prima di procedere al pagamento tramite il modello F24 con gli importi dei soli debiti.

Supponiamo che la nostra azienda debba pagare la prima rata dell'acconto IRES, pari a 400€, entro il 30/06.

Dare (+)	Avere (-)	+	-
Crediti Tributari	Banche C/C	400 €	400 €

Registriamo un'uscita dal conto corrente aziendale, e in corrispondenza di questa operazione, si crea un credito tributario. Questa registrazione è necessaria perché non è certo che l'azienda debba effettivamente pagare queste imposte alla fine.

Alla fine dell'anno fiscale, ovvero il 31/12/X, si procede alla determinazione delle imposte che sono di competenza dell'esercizio. Questo calcolo tiene conto della differenza tra le imposte calcolate in questa fase e gli acconti già versati, oltre alle eventuali ritenute d'acconto subite durante l'anno. Il risultato di questa operazione rappresenta il saldo da versare entro il 30 del 6° mese successivo alla chiusura dell'esercizio, coincidente con il versamento del 1° acconto delle imposte relative all'esercizio successivo (X+1).

Pertanto, prima di effettuare il pagamento degli acconti, alla data del 31/12, è necessario procedere alla compensazione tra i debiti e i crediti fiscali. Questo permette di determinare l'importo effettivo da versare per l'esercizio corrente.

Supponiamo che, al 31/12, la nostra azienda abbia calcolato imposte di competenza per l'esercizio corrente per un totale di 1150€ e che abbia già versato, nel corso dell'anno, acconti per un ammontare di 400€.

Il primo passo consiste nel registrare le imposte di competenza relative all'esercizio corrente come una voce negativa del reddito, con la contropartita rappresentata da un debito tributario.

Dare (+)	Avere (-)	+	-
Imposte Correnti	Debiti Tributari	1.150 €	1.150 €

In un secondo momento, procediamo alla chiusura del mastrino denominato "crediti tributari," precedentemente aperto durante il versamento degli acconti. In questa fase, è fondamentale far confluire il saldo di questo mastrino nei debiti tributari.

Quindi, stiamo effettuando una compensazione tra il debito e il credito FISCALE DOPO aver registrato le imposte correnti. In base alla differenza risultante da questa compensazione tra il debito e il credito tributario, otteniamo l'importo residuo da versare all'erario o, eventualmente, il credito fiscale che l'azienda potrebbe avere nei confronti dell'amministrazione tributaria.

Dare (+)	Avere (-)	+	-
Debiti Tributari	Crediti Tributari	400 €	400 €

Dall'esempio precedente, emerge che la nostra azienda è tenuta a effettuare un pagamento corrispondente al saldo delle imposte di competenza dell'esercizio, tenuto conto degli acconti già versati. Supponiamo che l'importo da versare per il saldo delle imposte sia di 150€.

In questo contesto, procediamo a chiudere il mastrino precedentemente aperto denominato "debiti tributari," il cui saldo rappresenta la somma dovuta. La contropartita di questa operazione è rappresentata da una diminuzione del conto corrente aziendale.

Dare (+)	Avere (-)	+	-
Debiti Tributari	Banche C/C	750 €	750 €

4.2 Imposte indirette

Le imposte indirette, a differenza delle imposte dirette che gravano direttamente sul reddito delle imprese, rappresentano un'imposizione sui consumi o sul valore aggiunto generato dalle transazioni di beni e servizi.

La principale tra queste imposte indirette è l'IVA (Imposta sul Valore Aggiunto), che opera come un'imposta plurifase sul valore aggiunto. Essa è applicata in ciascuna fase del ciclo di vita di un bene, ma è limitata all'incremento di valore aggiunto apportato da ciascun soggetto economico.

Il metodo di applicazione dell'IVA, noto come "imposta da imposta," prevede che in ogni fase di produzione di un prodotto, l'imposta da versare sia calcolata come la differenza tra l'imposta riscossa sulle vendite e l'imposta pagata sugli acquisti. In questo modo, l'IVA versata non può essere considerata un costo, poiché è destinata a essere recuperata.

Tuttavia, se l'IVA pagata sugli acquisti supera l'IVA incassata sulle vendite (ovvero se l'IVA a credito è maggiore dell'IVA a debito), l'impresa ha diritto al rimborso della differenza. In questa situazione, l'azienda o il professionista hanno due opzioni:

- Richiedere il rimborso dell'intero importo sul proprio conto corrente (una soluzione che richiede tempo).
- Compensare l'importo con l'IVA di periodi successivi (compensazione verticale) o con altri debiti tributari (compensazione orizzontale). Tuttavia, nel caso della compensazione orizzontale, ci sono dei limiti ed è necessario il visto di conformità al credito IVA da parte di un dottore commercialista.

Da un punto di vista tecnico, è importante sottolineare l'obbligo di rivalsa relativo all'IVA. In pratica, le imprese e i professionisti sono tenuti ad addebitare l'IVA all'acquirente o al committente in fattura. Ciò significa che l'IVA viene trasferita all'acquirente, mentre il consumatore finale (che non ha la possibilità di trasferire l'IVA a nessun altro soggetto) diventa il contribuente effettivo dell'imposta.

In altre parole, i contribuenti di fatto sono gli operatori economici che versano l'IVA durante lo svolgimento delle loro attività economiche e che non subiscono direttamente l'onere fiscale. Al contrario, i contribuenti di diritto sono i consumatori finali, che non versano direttamente l'IVA all'Erario, ma alla fine subiscono l'impatto fiscale. Questo è evidente nei casi in cui, in qualità di consumatori finali, ci vengono addebitati prezzi che includono l'IVA.

Inoltre, è importante notare che non tutte le operazioni effettuate da un'azienda sono soggette all'IVA. Le cessioni di beni e le prestazioni di servizi possono essere classificate in una delle tre categorie seguenti:

- Operazioni imponibili
- Operazioni non imponibili
- Operazioni esenti

Le operazioni imponibili comprendono tutte quelle transazioni che soddisfano simultaneamente tre requisiti fondamentali:

- Requisito oggettivo: Coinvolgono la cessione di beni o la prestazione di servizi.
- Requisito territoriale: Si verificano all'interno del territorio dello Stato.
- Requisito soggettivo: Sono effettuate da imprese o professionisti.

Per quanto riguarda le operazioni imponibili, l'IVA è applicata sull'intero valore della transazione in conformità con l'aliquota stabilita dalla legge. Inoltre, è consentita la detrazione dell'IVA pagata sugli acquisti effettuati nell'ambito di tali operazioni. In questo caso, l'aliquota effettiva coincide con l'aliquota applicata nell'ultimo passaggio della catena delle transazioni.

Ecco alcuni esempi di operazioni imponibili:

- Cessioni di beni e prestazioni di servizi che avvengono all'interno del territorio dello Stato, sia nell'esercizio di imprese che nell'esercizio di arti e professioni, indipendentemente se la vendita avviene tra imprese (B2B) o verso consumatori finali (B2C).
- Importazioni da paesi al di fuori dell'Unione Europea effettuate da qualsiasi soggetto, che siano imprese o consumatori finali. In dogana, sarà richiesto il versamento dell'IVA.
- Vendite intracomunitarie B2C di mezzi di trasporto tramite il commercio elettronico.

Per quanto riguarda le operazioni non imponibili, o ad aliquota zero, l'aliquota applicata al cliente è del 0% (quindi non c'è IVA a debito), ma è consentita la detrazione dell'IVA pagata sugli acquisti (ovvero è possibile dedurre l'IVA a credito). Alcuni esempi di operazioni non imponibili, in cui l'aliquota applicata è zero e l'IVA a credito può essere detratta, includono:

- Esportazioni verso Stati al di fuori dell'Unione Europea.
- Cessioni intracomunitarie verso Stati membri dell'Unione Europea.

In riferimento alle operazioni esenti, va notato che, nonostante l'aliquota applicata nell'ultima fase del ciclo economico sia zero, non è consentita la detrazione dell'IVA pagata sugli acquisti. Ciò significa che, formalmente, l'IVA non incide più sul consumatore finale, ma piuttosto sull'operatore economico (il quale, tuttavia, può scegliere di aumentare i prezzi per coprire l'IVA sugli acquisti che non può detrarre).

Questo scenario può causare problemi quando il venditore non riceve il pagamento dall'acquirente. Per affrontare questa situazione, le piccole imprese possono optare per il regime IVA per cassa. In questo regime:

- L'IVA diventa a debito solo quando il cliente effettua il pagamento all'impresa.
- L'IVA diventa a credito solo quando l'impresa paga i propri fornitori.

Il regime IVA per cassa offre alle imprese una maggiore flessibilità nella gestione dei flussi di cassa e nell'adempimento delle obbligazioni fiscali, poiché l'IVA è dovuta o recuperata solo quando ci sono movimenti effettivi di denaro. Questo può essere particolarmente utile per le piccole imprese che desiderano evitare l'indebitamento derivante dall'IVA dovuta su fatture non pagate.

L'Unione Europea ha stabilito che gli Stati membri dell'UE devono applicare un'aliquota IVA standard di almeno il 15% e un'aliquota ridotta di almeno il 5%. In Italia, le aliquote IVA (da applicare al prezzo al netto dell'IVA) sono le seguenti:

- Aliquota ordinaria: 22%
- Aliquota agevolata (applicata a determinate categorie di beni e servizi): 10%
- Aliquota super-ridotta (applicata ai beni di prima necessità): 4%

Prima del 1993, all'interno dell'Unione Europea, era in vigore il principio di destinazione, che richiedeva la presenza delle dogane per le transazioni tra i paesi membri. In questa situazione, quando si esportava al di fuori dei confini della Comunità Economica Europea (CEE), le aziende effettuavano operazioni classificate come non imponibili dal punto di vista dell'IVA.

A partire dal 1993, al fine di creare un mercato unico, le frontiere tra i paesi dell'Unione Europea sono state abolite, e è stato istituito un regime transitorio per gestire gli acquisti intracomunitari. Questo regime funziona nel seguente modo:

- Per gli acquisti effettuati da soggetti registrati per l'IVA, si continua a utilizzare il principio di destinazione, ma senza la necessità delle dogane, poiché le aziende che importano beni da altri paesi dell'UE applicano il reverse charge (inversione contabile). Questo processo implica l'applicazione dell'IVA sulla fattura ricevuta e contemporaneamente l'inclusione dell'IVA nelle fatture di vendita, al fine di neutralizzare il versamento dell'IVA. D'altra parte, l'azienda esportatrice effettua un'operazione classificata come non imponibile.
- Per gli acquisti effettuati da consumatori finali, si applica il principio di origine, con alcune eccezioni, come per le auto nuove e l'e-commerce.

Inoltre, per quanto riguarda le operazioni al di fuori dell'Unione Europea effettuate da consumatori finali, questi devono dichiarare la merce acquistata nel paese estero in dogana al fine di versare l'IVA, e in seguito richiedere il rimborso dell'imposta versata nel paese di acquisto.

L'obiettivo futuro è quello di passare a un regime definitivo in cui:

- Per le operazioni intracomunitarie tra soggetti registrati per l'IVA, si applicherà il principio di origine, con l'assistenza di una clearing house che gestisce i rapporti di debito e credito tra i paesi, garantendo che l'imposta vada alle casse dei paesi in cui avviene il consumo (paesi importatori).
- Vi sarà un'armonizzazione delle aliquote IVA tra i diversi paesi dell'Unione Europea al fine di evitare distorsioni nella concorrenza tra aziende situate in paesi diversi.

Per quanto riguarda gli adempimenti contabili legati alla liquidazione dell'IVA, è importante notare che esistono due regimi:

- Il regime IVA ordinario, che si applica a tutte le imprese il cui volume d'affari supera i 400.000€ (per le imprese di servizi) o i 700.000€ (per le imprese non di servizi). Le imprese in questo regime sono tenute a liquidare l'IVA mensilmente.
- Il regime IVA semplificato, che è destinato alle imprese il cui volume d'affari è inferiore a 400.000€ (per le imprese di servizi) o 700.000€ (per le imprese non di servizi). Le imprese in questo regime possono scegliere se liquidare l'IVA mensilmente o trimestralmente.

Nel caso delle liquidazioni mensili, le imprese devono presentare dichiarazioni e versamenti mensili dell'IVA entro il 16 del mese successivo, mentre nel caso delle liquidazioni trimestrali, le dichiarazioni e i versamenti avvengono trimestralmente entro il 16 del mese successivo alla fine del trimestre a cui l'imposta si riferisce.

È importante sottolineare che l'IVA non è considerata un costo, poiché è un'imposta sul valore aggiunto. Di conseguenza, solitamente non viene inclusa né nel conto economico né nello stato patrimoniale, a meno che, ad esempio, l'azienda abbia un credito IVA o debba effettuare un pagamento il 16 gennaio dell'anno successivo. Inoltre, l'IVA è considerata una partita di giro, e quindi le aziende devono versare mensilmente o trimestralmente solo la differenza tra l'IVA a debito e l'IVA a credito.

Tuttavia, è importante notare che quando si vendono beni o servizi ai consumatori finali, che non possono rivalersi su altri soggetti economici, l'IVA obbliga le imprese a stabilire il prezzo dei loro prodotti o servizi tenendo conto dell'IVA stessa. Ciò significa che se ci sono concorrenti che non sono soggetti IVA, la evadono o non la applicano correttamente, l'azienda potrebbe trovarsi in una posizione svantaggiata poiché questi concorrenti potrebbero praticare prezzi inferiori e, a parità di altre condizioni, ottenere profitti superiori.

5. Il risultato d'Esercizio

Il risultato dell'esercizio evidenziato sul conto economico è soggetto a destinazione, che viene deliberata da parte dei soci in sede di approvazione del bilancio.

Nel caso di utile, questo può essere soggetto a diverse destinazioni, tra cui:

- Distribuzione ai soci, in tutto o in parte. Inoltre, l'atto costitutivo o l'assemblea degli azionisti possono prevedere la partecipazione degli amministratori agli utili.
- Incremento delle riserve aziendali.
- Copertura di perdite pregresse.

È importante sottolineare che non è possibile distribuire utili prima della chiusura dell'esercizio, del completamento della generazione di utili e dell'approvazione del bilancio d'esercizio. Tuttavia, il Codice Civile prevede che per le società soggette a revisione contabile, l'assegnazione di acconti di utili può avvenire a giudizio della società di revisione.

In caso di perdita di esercizio, questa può essere coperta attraverso diverse modalità, tra cui:

- Utilizzo delle riserve aziendali. Ad esempio, è possibile coprire le perdite utilizzando la riserva legale, anche se

ciò comporta una riduzione al di sotto del 20% del capitale sociale.
- Riduzione del capitale sociale.

Ipotizziamo che la nostra azienda abbia destinato l'utile di 200.000€ seguendo le seguenti modalità:

- Il 5% è stato destinato alla riserva legale.
- L'8% è stato assegnato alla riserva statutaria, che rappresenta una parte residua dopo aver soddisfatto la riserva legale.
- Ogni una delle 1000 azioni in circolazione ha ricevuto un dividendo di 171€.
- L'importo rimanente degli utili è stato riportato a nuovo.

In questo contesto, è necessario procedere alla chiusura del registro relativo agli utili dell'esercizio precedente. Come contropartita, troviamo le diverse destinazioni, con l'importante dettaglio che i dividendi pagati agli azionisti vengono prima contabilizzati e successivamente erogati tramite bonifico bancario.

Dare (+)	Avere (-)	+	-
Utile d'Esercizio	//	200.000 €	
	Riserva Legale		10.000 €
	Riserva Statutaria		15.200 €
	Azionisti C/ Dividendi		171.000 €
	Utili portati a Nuovo		3.800 €

In situazioni in cui si verifichino risultati economici negativi, ovvero perdite di esercizio, l'Assemblea dei soci è chiamata a prendere decisioni riguardo alla modalità più adeguata per coprire tale perdita. Esistono quattro modalità principali per coprire una perdita di esercizio:

- Portare a Nuovo la Perdita: Questa opzione è solitamente scelta quando la perdita è di entità limitata o di durata breve. In questo caso, la perdita viene semplicemente registrata, riducendo così il patrimonio netto dell'impresa.
- Utilizzo di Riserve Preesistenti: Questa modalità è adottata quando le perdite sono consistenti. Si inizia utilizzando le riserve libere, e solo se necessario, si procede all'utilizzo delle riserve vincolate. È importante notare che, in questo processo, la riserva legale potrebbe scendere al di sotto del 20% del capitale sociale.
- Riduzione del Capitale Sociale: La riduzione del capitale sociale è una possibilità, ma non può andare al di sotto del minimo legale.

È consentito portare a nuovo una perdita quando:

- La perdita non supera 1/3 del capitale sociale.
- La perdita supera 1/3 del capitale sociale, ma il capitale sociale non scende al di sotto del limite minimo legale. Nel caso delle società a responsabilità limitata (SRL), questo limite minimo legale è di 10.000€.
- La perdita supera 1/3 del capitale sociale per due esercizi consecutivi.

In effetti, quando il capitale sociale scende al di sotto del limite minimo legale o quando si verificano perdite superiori all'1/3 del capitale sociale per due esercizi consecutivi, sorge l'obbligo di deliberare la riduzione del capitale sociale in proporzione alle perdite accertate, accompagnata da un contemporaneo aumento del capitale sociale a un livello non inferiore al minimo legale.

Se, nell'esercizio successivo a quello in cui si sono verificate le perdite, vengono conseguiti degli utili, è importante ricordare che tali utili non possono essere distribuiti fino a quando non sono state completamente coperte le perdite portate a nuovo.

Immaginiamo ora che la nostra azienda abbia deliberato la destinazione della perdita di esercizio in questo modo:

- € 24.000 mediante l'utilizzo degli utili portati a nuovo da esercizi precedenti;
- € 15.000 mediante l'utilizzo della riserva straordinaria;
- € 148.000 mediante l'utilizzo della riserva statutaria;
- € 13.000 mediante l'utilizzo della riserva legale.

Dare (+)	Avere (-)	+	-
	Perdita Es.Precedente		200.000 €
Utili Portati a Nuovo		24.000 €	
Riserva Straordinaria		15.000 €	
Riserva Statutaria		148.000 €	
Riserva Legale		13.000 €	

6. Analisi di Bilancio

L'analisi di bilancio si propone di valutare l'azienda da tre differenti prospettive, ognuna delle quali riveste un ruolo fondamentale nella valutazione complessiva:

- **Equilibrio Patrimoniale**: Questo aspetto riguarda la congruenza tra gli investimenti effettuati dall'azienda e le fonti di finanziamento a sua disposizione. Un'azienda è considerata in equilibrio patrimoniale se gli investimenti a lungo termine sono finanziati dalle fonti di finanziamento a lungo termine. In caso contrario, se l'azienda investe a lungo termine ma si finanzia a breve termine, si verifica uno squilibrio patrimoniale. Questo equilibrio può essere valutato analizzando lo stato patrimoniale, dove sono evidenziati gli investimenti e le fonti di finanziamento.
- **Equilibrio Reddituale**: Questo aspetto verte sulla congruenza tra i costi e i ricavi dell'azienda. È essenziale che i ricavi generati siano superiori alle risorse impiegate per produrli. L'equilibrio reddituale è valutato attraverso il conto economico, che rileva i costi e i ricavi.
- **Equilibrio Finanziario**: L'equilibrio finanziario è spesso confuso con l'equilibrio reddituale, ma si concentra sulla concordanza tra entrate e uscite monetarie. In altre parole, si tratta di garantire che l'azienda abbia liquidità sufficiente per affrontare i pagamenti quando sono

dovuti. Ad esempio, se un'azienda incassa i pagamenti dai clienti dopo un anno ma deve pagare i fornitori entro un mese, allora si verifica uno squilibrio finanziario. L'analisi dell'equilibrio finanziario si svolge tramite il rendiconto finanziario, che traccia le entrate e le uscite monetarie.

È importante notare che per garantire la stabilità dell'azienda, questi equilibri devono essere soddisfatti contemporaneamente. Se anche solo uno di questi equilibri non è rispettato, l'azienda potrebbe incontrare difficoltà. Per fare un parallelo, si può pensare a uno sgabello che ha bisogno di tutti e tre i piedi per restare in piedi; se ne manca uno, si verificherà una caduta.

Tuttavia, l'analisi di questi aspetti ha senso solo se condotta in prospettiva, con un confronto:

- Con dati di aziende simili (sia singolarmente che guardando alla media di settore), per comprendere come si posiziona l'azienda rispetto ai suoi concorrenti.
- Nel tempo, per individuare eventuali tendenze o variazioni significative nelle condizioni finanziarie e operazioni dell'azienda. Questo approccio permette di identificare potenziali rischi o opportunità a cui prestare attenzione.

6.1 Equilibrio reddituale

Per valutare l'equilibrio reddituale, utilizziamo gli indici di redditività, che confrontano dati del conto economico (numeratore) con informazioni dello stato patrimoniale (denominatore). Questi indici ci aiutano a misurare l'efficienza dell'azienda nel generare reddito.

Un indicatore di rilievo in questo contesto è il ROE (Return on Equity), che esprime il tasso di redditività del capitale netto. Il ROE rappresenta la capacità dell'azienda di generare profitti rispetto al capitale di rischio investito dai soci. Per calcolare il ROE, basta dividere il reddito netto per il capitale netto:

$$ROE = \frac{Risultato\ d'Esercizio}{Patrimonio\ Netto}$$

Questo indicatore offre un'analisi chiara della resa degli investimenti dei soci, aiutando a valutare quanto profitto l'azienda è in grado di generare per ciascun euro di capitale netto investito.

Il ROE fornisce un'indicazione della redditività del capitale netto investito nell'azienda, ma va sempre considerato in relazione al contesto e agli investimenti alternativi con un livello di rischio simile. Pertanto, un valore "preferibile" superiore al 10% è da considerarsi come una guida indicativa, ma non necessariamente una regola fissa.

Gli investimenti alternativi con un livello di rischio comparabile includono altre imprese che operano nello stesso settore dell'azienda presa in esame e che presentano un livello di indebitamento simile. È importante notare che un aumento del livello di rischio nell'impresa può richiedere un rendimento più elevato per i conferenti capitale di rischio, poiché con un maggiore rischio è associata una maggiore incertezza sugli investimenti.

Il Return on assets (ROA) è il tasso di redditività dell'attivo, e dunque ci permette di capire quanto sono redditivi gli impieghi della società:

$$ROA = \frac{Reddito\ Operativo}{Totale\ dell'Attivo}$$

In linea di principio, sarebbe preferibile che il ROI sia ma\ rispetto al tasso di interesse (medio) pagato sui debiti finan\ che possiamo calcolare in questo modo:

$$i = \frac{Interessi\ Passivi}{Debiti\ Finanziari}$$

Per conoscere l'importo dei debiti finanziari dobbiamo guardare alla nota integrativa, poiché sullo Stato Patrimoniale non sono indicati separatamente quelli che sono i debiti su cui l'azienda paga interessi.

Il margine operativo lordo, noto come EBITDA Margin (Earnings Before Interest, Taxes, Depreciation, and Amortization), è un indicatore chiave che ci permette di valutare la redditività della gestione operativa di un'azienda:

$$Margine\ Operativo\ Lordo$$
$$= \frac{Risultato\ Gestione\ Operativa + Ammortamenti + Svalutazioni}{Fatturato}$$

La peculiarità di questo indicatore sta nel fatto che esclude dalla sua analisi i costi non monetari come gli ammortamenti e le svalutazioni, concentrandosi unicamente sugli elementi legati all'operatività dell'azienda.

Il margine di profitto (Profit Margin) invece ci permette di valutare la capacità la reddività complessiva dell'azienda, e dunque la sua capacità di trasformare le vendite in profitto:

$$Margine\ di\ Profitto = \frac{Risultato\ d'Esercizio}{Fatturato}$$

È importante notare che il sia il Profit Margin che l'EBITDA Margin possono variare notevolmente da un settore all'altro e da un'azienda all'altra; quindi, è essenziale considerare il contesto e confrontare l'indicatore con aziende simili per trarre conclusioni significative sulla sua performance reddituale.

6.2 Equilibrio finanziario

Guardando all'equilibrio finanziario, vogliamo valutare la capacità dell'impresa di soddisfare i suoi obblighi finanziari sia nel breve che nel lungo periodo.

Per iniziare questa valutazione, esaminiamo l'indice di liquidità, comunemente noto come quick ratio. Questo indicatore mira a misurare la capacità dell'azienda di far fronte ai suoi debiti a breve (ovvero i debiti che dovrà ripagare entro 12 mesi) utilizzando i crediti a breve (ovvero i crediti che incasserà entro 12 mesi) e le disponibilità liquide:

$$Indice\ di\ Liquidità = \frac{Crediti\ a\ breve + Disponibilità\ Liquide}{Debiti\ a\ breve}$$

Pertanto, è necessario che questo indice sia superiore a 1 per garantire che la società sia solvente nel breve termine, ma non vogliamo neanche che sia troppo alto (maggiore di 3) perché vuol dire che ci sono troppa liquidità (che potrebbe essere investita per ottenere rendimenti) o crediti che non vengono incassati.

Un altro indice di estrema importanza che ci consente di valutare l'allineamento tra la situazione finanziaria e i risultati reddituali dell'azienda è l'earnings quality ratio.

L'earnings quality ratio viene calcolato come il rapporto tra il cash flow operativo e il reddito netto, fornendo una misura chiave della qualità degli utili generati.

$$Earnings\ Quality\ Ratio = \frac{Cash\ Flow\ Operativo}{reddito\ netto}$$

Questo indicatore, il cui utilizzo ha senso solamente quando il reddito netto è positivo, rivela informazioni cruciali. Quando l'earnings quality ratio è inferiore a 1, ciò suggerisce che non tutto l'utile generato si traduce direttamente in liquidità disponibile.

Questa discrepanza potrebbe essere attribuita a diverse ragioni, come potenziali frodi o difficoltà nell'amministrazione del ciclo di cassa operativo dell'azienda.

Un altro indicatore di grande utilità per valutare l'equilibrio finanziario è rappresentato dai giorni di rotazione del capitale circolante. Questo indicatore fornisce una stima del tempo medio necessario all'azienda per convertire il suo inventario in disponibilità liquide.

$Giorni\ di\ rotazione\ del\ CCN$
$= giorni\ medi\ di\ rotazione\ del\ magazzino$
$+ giorni\ medi\ di\ incasso\ dei\ crediti$
$- giorni\ medi\ di\ pagamento\ dei\ fornitori$

Possiamo interpretare questo valore nel seguente modo: se risulta essere negativo, ciò implica che l'azienda è in grado di finanziare le proprie operazioni grazie al credito esteso dai fornitori. Questa situazione può essere interpretata come un segno di notevole potere contrattuale da parte dell'azienda stessa, poiché essa riesce a ottenere il pagamento dai clienti prima di effettuare i pagamenti ai fornitori. Al contrario, se il valore è positivo, ciò suggerisce che l'azienda ha bisogno di finanziare il suo Capitale Circolante Netto in altre modalità. Dunque, più basso è questo valore, e meglio è.

Adesso, procediamo a esaminare come si effettuano i calcoli per determinare i giorni medi di rotazione del magazzino, i giorni medi di incasso dei crediti e i giorni medi di pagamento dei fornitori.

Per quanto riguarda la durata media dei crediti, questa misura rappresenta il numero medio di giorni di ritardo nei pagamenti dei crediti. Un valore relativamente basso di questo indicatore rispetto ai concorrenti indica un notevole potere contrattuale nell'ambito del mercato. Il calcolo di questo indice segue la seguente formula:

$$giorni\ medi\ di\ incasso\ dei\ crediti = \frac{crediti\ vs\ clienti\ netti\ /1.22}{ricavi\ netti\ di\ vendita\ /360}$$

Ora, passiamo a esaminare il calcolo della durata media dei debiti, che rappresenta il numero medio di giorni di dilazione nei pagamenti effettuati ai fornitori.

Un valore elevato di questo indicatore mette in luce un maggiore potere contrattuale nei confronti dei fornitori (o, in alternativa, può indicare delle difficoltà finanziarie nell'effettuare i pagamenti ai fornitori). Il calcolo di questo indice avviene secondo la seguente formula:

$$giorni\ medi\ di\ pagamento\ dei\ fornitori = \frac{debiti\ vs\ fornitori\ di\ merci\ e\ servizi/1.22}{acquisti\ di\ merci\ e\ servizi\ /360}$$

La situazione ottimale si verifica quando la durata media dei debiti supera la durata media dei crediti. Tuttavia, se accade il contrario, cioè se la durata media dei crediti fosse maggiore della durata media dei debiti, l'azienda potrebbe trovarsi nella necessità di ricorrere a finanziamenti bancari per coprire i suoi impegni finanziari.

La durata media del magazzino, invece, rappresenta il periodo di tempo in cui le scorte finali rimangono in magazzino. Un valore basso di questo indicatore indica una gestione efficiente delle scorte.

Nel caso in cui il magazzino contenga prodotti finiti o semilavorati di produzione, l'indice assume la seguente configurazione:

$$giorni\ medi\ di\ rotazione\ del\ magazzino$$
$$= \frac{magazzino\ prodotti\ finiti\ o\ semilavorati}{costo\ del\ venduto\ /360}$$

Se il magazzino è prevalentemente costituito da merci o materie prime, cioè prodotti che non sono fabbricati internamente ma acquistati dall'esterno, l'indicatore assume questa configurazione:

$$giorni\ medi\ di\ rotazione\ del\ magazzino$$
$$= \frac{magazzino\ mp\ o\ merci}{consumi\ per\ mp\ o\ merci\ /\ 360}$$

6.3 Equilibrio patrimoniale

In relazione all'equilibrio patrimoniale, è fondamentale analizzare la congruenza tra gli investimenti e le fonti di finanziamento a lungo termine di un'azienda. In linea generale, un'azienda può ottenere finanziamenti in due modi: attraverso terzi, ad esempio mediante prestiti bancari, o attraverso il capitale fornito dai suoi soci.

La distinzione chiave è che, mentre l'azienda potrebbe non dover mai restituire il capitale ai propri azionisti, il che rende il patrimonio netto una fonte di finanziamento stabile, non può permettersi di non onorare i suoi debiti finanziari per evitare il rischio di fallimento. Pertanto, il debito è considerato una fonte di finanziamento più instabile e meno preferibile.

Il primo indicatore che esamineremo è il rapporto di indebitamento (debt to equity ratio), che serve a mettere in evidenza la struttura finanziaria di un'impresa e, di conseguenza, con quali fonti finanziarie l'azienda ha sostenuto i propri investimenti.

$$Rapporto\ di\ indebitamento = \frac{Debiti}{Patrimonio\ Netto}$$

In particolare, il rapporto di indebitamento mette in rilievo l'importanza del debito finanziario rispetto alle risorse fornite dai propri azionisti. L'aumento del peso dei debiti finanziari rispetto al patrimonio netto dell'azienda comporta un aumento del rischio associato alla sua struttura finanziaria. Pertanto, all'aumentare di questo rapporto, si riduce la solidità dell'azienda. Di conseguenza, è preferibile mantenere un range per questo rapporto tra 0 e 2, in modo da garantire una solida base finanziaria aziendale.

Continuando ad esaminare la composizione delle fonti di finanziamento, possiamo considerare il concetto di leva finanziaria, che viene calcolato mediante la seguente formula:

$$Leva\ finanziaria = \frac{Totale\ dell'Attivo}{Patrimonio\ Netto}$$

In linea generale, un valore di leva finanziaria superiore a 2 indica che il capitale fornito da fonti esterne supera il capitale fornito dagli azionisti, rendendo così l'azienda più esposta al rischio finanziario.

Tuttavia, è importante notare che se l'azienda è in grado di investire il capitale ottenuto dalle fonti esterne in modo da ottenere rendimenti superiori al costo del debito, allora può generare valore aggiunto.

Questo valore aggiunto aumenta in proporzione al grado di leva finanziaria, il che significa che una leva finanziaria più elevata può tradursi in un maggiore valore creato dall'azienda.

7. Strategie di Risparmio Fiscale

7.1 Checklist fiscale

In questo capitolo, esploreremo le migliori strategie di risparmio fiscale restando in Italia ed operando in piena legalità, se sfruttate nel modo giusto e non abusate.

Alcune di queste strategie sono più orientate verso individui anziché verso le aziende stesse, concentrandosi sul risparmio dei contributi INPS, i quali spesso sembrano destinati a scomparire nel vuoto quando si tratta di aspettare una pensione pubblica che è ormai un sogno irraggiungibile.

Dal mio punto di vista, è molto più efficace cercare modi per evitare questi pagamenti obbligatori e invece investirli nel mercato azionario a lungo termine, seguendo un approccio di investimento goal-based.

Un approccio di investimento goal-based mira a aiutarti a raggiungere i tuoi obiettivi di lungo termine, creando portafogli di investimento su misura per te. È particolarmente vantaggioso se questi investimenti sono di tipo accumulativo, poiché questo approccio può offrire vantaggi significativi dal punto di vista fiscale.

Per darti un esempio concreto: supponiamo che tu abbia attualmente 35 anni e un figlio di 5 anni, il quale inizierà l'università tra 13 anni. Nel frattempo, a 65 anni, desideri abbandonare il tuo lavoro per dedicarti completamente alle tue passioni.

Dato che la pensione pubblica è considerata un sogno irrealizzabile, è probabile che tu non avrai diritto ad essa a 65 anni, e anche quando ne avrai diritto, potresti ricevere un assegno modesto. Sei prudente e desideri assicurarti di avere risparmiato 500.000€ entro la data in cui prevedi di andare in pensione anticipata.

Per tuo figlio, desideri garantirgli solo il meglio e stai considerando di mandarlo in una università privata a Milano, dove prevedi di sostenere spese annuali di circa 20.000€ tra retta e affitti per 5 anni. Attualmente, hai due obiettivi finanziari specifici:

- Accumulare 100.000€ entro 13 anni.
- Accumulare 500.000€ entro 30 anni.

Per ciascuno di questi obiettivi, stai valutando la creazione di un portafoglio di investimento dedicato, eventualmente con il supporto di un consulente finanziario, preferibilmente indipendente. Il principio guida di questa strategia è che l'obiettivo più vicino nel tempo richiederà un mix di rischio e rendimento meno elevato.

Inoltre, è importante evitare un eccessivo rischio, specialmente se ci sono preoccupazioni riguardo alle fluttuazioni di mercato nel periodo in cui tuo figlio si trasferirà a Milano per studiare. Pertanto, il portafoglio associato a questo obiettivo sarà orientato verso una maggiore prudenza e includerà una percentuale più significativa di obbligazioni.

D'altro canto, per quanto riguarda l'obiettivo più ambizioso di accumulare un cuscino finanziario per gli anni di pensionamento, è possibile considerare un livello di rischio più elevato e puntare a un'allocazione quasi completamente orientata verso azioni. Per una comprensione più dettagliata di questa strategia, ti suggerisco di consultare libri ben noti come "Stocks for the Long Run" di Jeremy Siegel per comprendere il motivo di questa scelta e "Il Piccolo Libro dell'Investimento" di John Bogle per acquisire una base di conoscenza sulla configurazione della tua strategia di investimento, o almeno per comprenderne i principi fondamentali. Successivamente, potresti delegare l'attuazione pratica di questa strategia a un consulente finanziario.

Una volta calcolato il rendimento annuo previsto per ciascun portafoglio (ad esempio, il 5% per il primo obiettivo e l'8% per il secondo), potresti determinare l'importo annuale necessario da contribuire per raggiungere entrambi gli obiettivi. Per svolgere questi calcoli, potresti utilizzare una funzione come la "RATA" in Excel. Ad esempio, per l'obiettivo legato all'università dovresti mettere da parte circa 5.400€ all'anno per 13 anni, mentre per l'obiettivo del cuscino pensionistico dovresti risparmiare circa 4.000€ all'anno per 30 anni.

Di conseguenza, dovresti risparmiare 9.400€ all'anno nei primi 13 anni e 4.000€ all'anno nei successivi 17. In altre parole, ciò si tradurrebbe in un risparmio di circa 783€ al mese per i primi 13 anni e 333€ al mese nei successivi 17.

A questo punto, se sei un imprenditore o un libero professionista con oltre 10 anni di esperienza, accumulare queste somme non sembrerebbe impossibile, soprattutto se riuscissi a trovare modi per evitare di versare denaro all'INPS. In ogni caso, è opportuno riflettere su se sia possibile vivere al di sotto delle tue attuali possibilità finanziarie oggi, al fine di garantire un futuro migliore per te e la tua famiglia.

Ora che abbiamo esaminato come funziona il goal-based investing e come tu stesso puoi implementarlo, possiamo esaminare 15 strategie che ti consentiranno di risparmiare sulle tasse, mettere più denaro in tasca e, idealmente, investirlo a lungo termine:

1. Inizia con il regime forfettario (preferibilmente con imposta sostitutiva al 5%): Spesso osservo amici e colleghi che optano per il regime semplificato perché, purtroppo, si trovano a rientrare in una delle fattispecie di esclusione dal regime forfettario e finiscono per pagare più del doppio in tasse. Tuttavia, spesso è possibile organizzarsi in modo diverso per aderire al regime forfettario, addirittura applicando l'aliquota al 5%.

2. Torna al regime forfettario ogni 2 anni: Fino a qualche anno fa, una lacuna normativa permetteva ai contribuenti forfettari di dichiarare anche milioni di euro e continuare a pagare l'imposta piatta, in contrasto con il principio di equità fiscale su cui si basa il sistema fiscale italiano. Anche se la legge di Bilancio 2023 ha introdotto un limite di 100.000€, è ancora possibile sfruttare il regime forfettario un anno sì e uno no, cercando di massimizzare i benefici fiscali.

3. Massimizza le deduzioni per la tua SRL: Questa è una strategia comunemente utilizzata dai piccoli imprenditori in Italia. Consiste nell'utilizzare la società a responsabilità limitata (SRL) quasi come un bancomat per le spese personali. Tuttavia, è importante rispettare il principio di inerenza fiscale (i costi devono essere correlati ai ricavi che aiutano a generare) per evitare abusi. Puoi legittimamente ottenere buoni pasto o rimborsi forfettari e chilometrici per trasferte di lavoro effettivamente svolte, poiché tali spese non sono soggette a tassazione

per la persona fisica, ma sono completamente deducibili per la società. Un'altra strategia legittima è addebitare un canone di affitto alla tua SRL se possiedi l'immobile in cui ha sede.

4. Crea Know-How o Opere di Ingegno e Cedili alla Tua Società: Supponiamo che tu abbia sviluppato una conoscenza specialistica o opere creative come un libro, un video-corso o un album musicale. Puoi stipulare un contratto con la tua società in base al quale la società ti paga una royalty (in linea con i tassi di mercato) per ogni copia venduta. Su questi proventi, non sarai tenuto a pagare i contributi previdenziali, e la società potrà dedurre tali pagamenti come spese aziendali. Inoltre, avrai diritto a deduzioni fiscali in base alla tua età, e sarai soggetto all'IRPEF solo sull'importo effettivamente ricevuto. Questo principio si applica non solo ai libri, ma a qualsiasi opera di ingegno o know-how che hai sviluppato.

5. Svolgi Solo l'Attività di Amministratore della Tua SRL: Per evitare di dover pagare i contributi previdenziali come commerciante, puoi limitarti a svolgere solo l'attività di amministratore nella tua società. Tuttavia, dovrai assumere un dipendente con un contratto di lavoro regolare e una busta paga per svolgere l'attività principale dell'azienda.

6. Opta per il Regime Fiscale della SRL Trasparente: Il regime fiscale della trasparenza consente di assegnare gli utili netti della società interamente ai soci in proporzione alle loro quote di partecipazione agli utili. Questo significa che la società non dovrà pagare l'Imposta sul Reddito delle Società (IRES) né l'imposta sulle plusvalenze del 26% quando distribuisce i dividendi. Invece, sarai tu, in qualità di socio, a pagare le

imposte relative ai proventi nella tua dichiarazione dei redditi. In generale, questa strategia può portare a un risparmio fiscale se hai intenzione di distribuire l'intero importo dei dividendi, poiché l'IRPEF che pagheresti (che per redditi elevati non può superare il 43%, ovvero l'ultima aliquota) non supererà mai il cuneo fiscale composto da IRES e Capital Gain. Tuttavia, questa strategia potrebbe non essere consigliabile quando esiste una forte discrepanza tra il profilo economico e finanziario della società, poiché dovrai pagare le imposte indipendentemente dalla percezione effettiva degli utili.

7. Gestire la Quota di Partecipazione agli Utili e la Quota di Partecipazione alla Società: Potresti ritrovarti nella situazione in cui possiedi il 99% delle quote di una Società a Responsabilità Limitata (SRL) ma hai il diritto a ricevere solo il 10% degli utili. Puoi ottenere ciò specificando nello statuto sociale che le quote di partecipazione agli utili siano diverse dalle quote di partecipazione che conferiscono il controllo legale della società. In questo modo, potresti indirizzare parte degli utili, ad esempio, al coniuge, al fine di beneficiare di aliquote fiscali inferiori o di ridurre il carico contributivo. Questa è una pratica di pianificazione fiscale completamente legale.

8. SRL con un amico/parente come Socio Lavoratore: In una SRL, è necessario avere almeno un socio lavoratore, il cui reddito è soggetto ai contributi previdenziali INPS Commercianti. Tuttavia, per evitare un aumento del carico fiscale di circa il 24%, è possibile nominare un amico o un parente come socio lavoratore, magari una persona che è già impiegata a tempo pieno altrove e che quindi è esentata dall'iscriversi alla Gestione INPS

Commercianti. Questo previene l'obbligo di contribuzione previdenziale.

9. Regime degli Impatriati: Pochi sono a conoscenza del regime degli impatriati, poiché non è ampiamente pubblicizzato come i bonus occasionali che offrono solo piccoli vantaggi a breve termine e non sono strutturali. Questo regime prevede che se trasferisci effettivamente la tua residenza fiscale all'estero (non in modo fittizio) e lavori all'estero per almeno 2 anni, quando decidi di tornare in Italia, puoi godere di una detrazione del 70% o del 90% (se ti trasferisci in una regione del Sud) del tuo reddito imponibile per 5 anni. Questo beneficio può essere esteso a 10 anni se acquisti una casa o hai un figlio. Tieni presente che si tratta di una detrazione sul reddito personale e non su quello aziendale. Tuttavia, puoi aprire una SRL trasparente, e la tua quota di utile sarà soggetta a un'imposizione molto ridotta, ad esempio, solo il 10% se trasferisci la tua residenza nel Sud, il che potrebbe tradursi in un'imposizione fiscale inferiore al 2% in Italia. Per beneficiare di questo regime, dovresti trascorrere un periodo all'estero, ma potrebbe essere un'esperienza interessante, soprattutto in considerazione del contesto sociale attuale in Italia. Se, in futuro, desideri stabilirti in Italia o tornare nel paese per qualsiasi motivo, questa potrebbe essere una mossa finanziaria vantaggiosa.

10. Sfruttare Deduzioni e Detrazioni in Modo Strategico: Ogni anno, prenditi il tempo per valutare quali deduzioni e detrazioni fiscali sono disponibili e gestiscile in modo strategico. Utilizzale solo quando prevedi di avere un reddito elevato. Ad esempio, puoi dedurre i contributi versati verso forme di previdenza complementare fino a un massimo di 5.164,57 euro all'anno, insieme a tutti i

contributi INPS pagati. Questo significa che puoi pianificare i tuoi contributi INPS in modo dinamico per ridurre l'ammontare delle tasse. Supponiamo che prevedi di avere un anno (X) con un alto reddito e un anno successivo (X+1) con un reddito più basso. Se deduci i contributi INPS dell'anno X nell'anno X+1, l'effetto fiscale sarà modesto. Tuttavia, se ritardi il pagamento dei contributi all'anno X+2 (con il pagamento degli interessi dovuti), quando prevedi di guadagnare nuovamente bene, otterrai un notevole vantaggio fiscale. Per quanto riguarda le detrazioni, valuta attentamente quali sono disponibili anno per anno e gestiscile in modo strategico, evitando situazioni di incapienza. Ad esempio, se hai intenzione di sottoporti a un intervento chirurgico per eliminare la miopia che costa 10.000 euro, potresti ottenere una detrazione del 19%, ovvero 1.900 euro. Tuttavia, se nel medesimo anno (per vari motivi) hai un'imposta da pagare di soli 1.000 euro prima delle detrazioni, perderai 900 euro di detrazione.

11. Aprire una Società all'Estero come Socio Finanziatore: Puoi considerare l'opzione di aprire una società all'estero in cui sei unicamente un socio finanziatore e non svolgi attività operativa. Questo approccio è valido soprattutto se desideri gestire un business che non ha nulla a che fare con l'Italia. In questa situazione, non parteciperai al consiglio di amministrazione, non gestirai il conto corrente e non prenderai decisioni operative; queste responsabilità saranno delegate a persone esterne. Tuttavia, potrai essere un socio finanziatore e ricevere i dividendi dalla società estera.

12. Aprire una Stabile Organizzazione all'Estero per Internazionalizzare il Tuo Business: Se desideri espandere il tuo attuale business a livello internazionale,

puoi considerare l'apertura di una stabile organizzazione all'estero. In alcuni casi, puoi beneficiare della cosiddetta "Branch Exemption," che consente di tassare il reddito generato dalla tua stabile organizzazione estera solo nel paese estero e non anche in Italia. Questo può ridurre notevolmente la tua esposizione fiscale in Italia e semplificare la gestione delle imposte internazionali.

13. Utilizza la Società Semplice Holding per Evitare i Contributi INPS Commercianti: In base al Codice Civile, le società semplici non sono autorizzate a svolgere attività commerciali, ma possono operare in settori come l'agricoltura o il godimento di beni (ad esempio, la raccolta degli affitti da proprietà in locazione o gli interessi derivanti da un portafoglio di titoli di stato). Di conseguenza, il socio lavoratore di una società semplice non può essere iscritto alla gestione commercianti dell'INPS. Se questa società semplice viene costituita come una SRL (Società a Responsabilità Limitata), l'INPS non potrà iscrivere nessuno alla gestione commercianti. Questo approccio potrebbe sembrare un modo per evitare i contributi, ma se la società semplice viene utilizzata in modo legittimo come holding per detenere asset di vario tipo, potrebbe apparire come una scelta naturale.

7.2 Regime forfettario

Se possiedi una piccola attività, potresti trovare vantaggioso avvalerti del regime forfettario, che è ancora relativamente poco compreso in Italia, spesso a discapito delle casse dello Stato. Il regime forfettario è stato introdotto con l'obiettivo di ridurre il carico fiscale e semplificare la conformità fiscale per i contribuenti con redditi relativamente modesti, ed è rivolto principalmente a lavoratori autonomi, professionisti e ditte individuali. Questo regime presenta tre caratteristiche chiave:

- Determinazione del Reddito Imponibile Forfettaria: Il reddito imponibile viene calcolato in modo forfettario, basandosi su parametri standard predefiniti, anziché sui costi effettivamente sostenuti.
- Tassazione con flax tax: Il reddito imponibile determinato in questo modo è soggetto a una tassazione con flat tax del 5% o del 15%, a seconda delle circostanze specifiche.
- Esenzione IVA: Le transazioni effettuate sotto questo regime non sono soggette all'IVA. Per procedere in modo ordinato, la determinazione del reddito imponibile dipende dai cosiddetti "coefficienti di redditività," che sono stabiliti da decreti del Ministero dell'Economia e delle Finanze e variano in base al codice ATECO (Attività Economica) associato al numero di partita IVA dell'attività.

Per esemplificare, consideriamo il caso di Mario, un commerciante ambulante che ha generato vendite per un totale di 50.000€ nel corso del 2023, indipendentemente dai costi effettivi sostenuti (come l'acquisto di prodotti da vendere o il pagamento delle varie concessioni). In questo caso, il suo reddito imponibile sarà calcolato come segue: 50.000€ x 54% (il suo coefficiente di redditività, stabilito dal MEF in base al suo codice Ateco) = 27.000€.

Una volta determinato il reddito imponibile, l'aliquota da applicare varierà in base alle seguenti situazioni:

- Aliquota del 5% se si tratta di un'attività nuova, ma solo per i primi 3 anni di attività.
- Aliquota del 15% in tutti gli altri casi.

È importante sottolineare che non è possibile effettuare ulteriori deduzioni dal reddito imponibile o detrazioni dalle imposte da pagare in base a questo regime. Inoltre, oltre all'imposta sostitutiva, sarà necessario versare i contributi obbligatori in base all'attività svolta. Ad esempio, i commercianti verseranno i contributi alla Gestione INPS Artigiani e Commercianti, che prevede aliquote e contributi minimi specifici, mentre gli architetti verseranno i contributi ad Inarcassa, che ha regole differenti. La base di calcolo per i contributi rimarrà comunque il reddito imponibile, calcolato in modo forfettario utilizzando il coefficiente di redditività.

In aggiunta a un carico fiscale ridotto, il regime forfettario comporta anche minori obblighi di conformità fiscale. Spesso, è sufficiente emettere fatture elettroniche attive e registrare le fatture passive per adempiere agli obblighi fiscali.

Naturalmente, il regime forfettario presenta alcune limitazioni importanti da tenere in considerazione. Qui di seguito elenco le più rilevanti:

- La partecipazione a società di persone è completamente incompatibile con l'applicazione del regime forfettario.
- La partecipazione in società di capitali è incompatibile solo se si verificano contemporaneamente le seguenti condizioni: (1) si detengono quote di controllo, direttamente o indirettamente, e (2) la partita IVA individuale viene utilizzata per emettere fatture alla srl controllata per attività economica riconducibile alla stessa sezione del Codice Ateco.
- Nel precedente anno fiscale, è stato ottenuto un importo di ricavi o compensi superiore a 85.000€, calcolati su base annuale se la partita IVA è stata aperta nel corso dell'anno.

- Non è consentito sostenere spese per dipendenti o collaboratori per un importo superiore a 20.000€ all'anno.

- Non è possibile applicare il regime forfettario se, a causa di un rapporto di lavoro dipendente o assimilato, si percepisce una retribuzione annuale superiore a 30.000€. Tuttavia, questa limitazione non si applica se il rapporto di lavoro è stato terminato entro il 31 dicembre dell'anno precedente a quello in cui si intende applicare il regime forfettario.

- Non è possibile continuare ad applicare il regime forfettario in corso d'anno se si supera il limite di ricavi o compensi di 100.000€. La maggior parte dei commercialisti in Italia ritiene che questo limite non debba essere rapportato all'anno, poiché non è esplicitamente stabilito dalla legge. Ciò significa che se, ad esempio, si raggiunge un fatturato di 100.001€ a giugno, a partire dalla fattura successiva si dovrà iniziare a ad applicare l'IVA e si sarà soggetti all'IRPEF invece dell'imposta sostitutiva. Inoltre, i costi non saranno più calcolati in modo forfettario, ma dovranno essere analizzati dettagliatamente.

Printed by Amazon Italia Logistica S.r.l.
Torrazza Piemonte (TO), Italy

53800837R00063